JN025343

『倒産法と要件事実
——法科大学院要件事実教育研究所報第 22 号』
（田村伸子 編）
2024 年 3 月 30 日第 1 版第 1 刷　正誤表

以下の箇所に誤りがありました。
お詫びして訂正します。

4 頁（参加者名簿）

（誤）青木　和久
弁護士（東京弁護士会倒産部・日弁連司法
制度調査会特別委嘱委員会）

（正）青木　和久
弁護士（東京弁護士会）

倒産法と要件事実

法科大学院要件事実教育研究所報第22号

田村伸子 [編]

日本評論社

はしがき

　法科大学院要件事実教育研究所は、2023年11月25日に「倒産法と要件事実・講演会」を開催しました。本書は、同講演会のための講演レジュメ、コメントなどとともに講演会当日における講演・コメント・質疑応答などのすべてを収録したものであります。

　本年度は数年ぶりの対面開催を実施し、オンラインを併用しました。

　法科大学院要件事実教育研究所は、本講演会を開催するに当たって各方面にお出しした案内状において、本講演会開催の趣旨を次のように述べています。

　「要件事実論における重要な課題として、裁判における主張立証責任対象事実の決定基準をどう考えるべきかの問題があります。この主張立証責任対象事実の決定のための最終的基準は立証の公平（立証責任の負担の公平と同じ意味です）に適うことであると考えられます。

　しかし、この「立証の公平」というものの具体的内容については、すべての法的価値判断がそうであるとはいえ、多様な意見がありうるところであります。

　特に、今回のテーマである倒産法については、例えば、原則・例外によって主張立証責任を分配するといった要件事実論における考え方がどのように現れるか、支払不能や無資力といった概念の事実あるいは評価としての位置づけをどのように考えるかといった問題があります。また、現在議論されている担保法改正とも深く関係するとともに、民法の詐害行為取消権の改正が影響を及ぼすかなど興味深いものがあります。

　そこで、本年度は、「倒産法と要件事実」というテーマで講演会を開催することといたしました。」

　以上のような趣旨のもとに、倒産法の分野において優れた業績を挙げておられる研究者・実務家の各位を講師・コメンテーターとしてお迎えし、上記のよ

うに、「倒産法と要件事実」というテーマで講演会を開催した次第であります。

　本年度は、講演会に先立ち、講師・コメンテーターの先生方が率先してメールでの頻繁な意見交換を行ってくださり、講演テーマはもちろんのこと広い範囲にわたり要件事実論について興味深い議論が行われました。理論と実務の架橋のため熱心に議論していただいた講師・コメンテーターの先生方に心から敬意を表します。と同時に本講演会の内容が、今後の倒産法の解釈・適用において、有益な指針となりゆくことを確信した次第です。

　本講演会を通じて、倒産法の分野に止まらず、さまざまな分野における要件事実論（関連して事実認定論）についても多くの示唆や強い刺激が与えられました。今後の要件事実論（関連して事実認定論）の充実と発展に、本講演会が大きな役割を果たすことができたと存じます。

　本講演会が、このような形で結実することができたのは、ひとえに、多大のご尽力を賜った講師・コメンテーター・聴講者の皆様のお陰であり、この機会をお借りして、心から厚く御礼を申し上げます。

　要件事実論や事実認定論に関心を持ち、それを研究し又は実践しておられる皆様にとって、本書が非常に有益な一書として、広く読者各位にその意義が理解されて、活用されることを心から願っています。

　なお、巻末に山﨑敏彦青山学院大学名誉教授及び永井洋士氏（長崎県立大学地域創造学部講師）によって作成された「要件事実論・事実認定論関連文献（2023年版）」も収録されています。重要な資料としてご参照いただければ幸いであります。

　本書が、このような形で世に出るにいたるまでには、このほかにも、一々お名前を挙げることはできないほど、実にさまざまな方々にご支援を頂きました。関係者の皆様には心より御礼を申し上げます。また、日本評論社の上村真勝氏に一方ならぬお世話になりました。ここに記して、そうした皆様方に深い謝意を表する次第であります。

　　　　　　　　　　2024年3月

　　　　　　　　　　　法科大学院要件事実教育研究所長　　田村伸子

倒産法と要件事実──目次

倒産法と要件事実・講演会

議事録

講演会次第

[日　　時] 2023年11月25日（土）　午後１時00分〜午後５時30分
　　　　　　　　　　　　　　（遅くても午後６時には終了予定）
[場　　所] 創価大学本部棟10階第４会議室
　　　　　　東京都八王子市丹木町１−236
[実施方法] 対面と Zoom オンラインの併用（ハイフレックス型）開催
[主　　催] 法科大学院要件事実教育研究所
[次　　第]
　1　開会の挨拶
　　　小渕　浩（創価大学法科大学院教授）
　2　本日の進行予定説明
　　　田村伸子（法科大学院要件事実教育研究所所長）
　3　講演１
　　　山本　研（早稲田大学大学院法務研究科教授）
　　　「倒産法における平時実体関係の受容と変容、および否認の局面等に
　　　おける要件事実に関する若干の検討」
　4　講演２
　　　飯尾　拓（弁護士・第二東京弁護士会）
　　　「相殺禁止規定（破産法第71条第１項第２号前段）における『主張立
　　　証責任対象事実の決定基準』について」
　5　講演３
　　　花房博文（創価大学法科大学院教授）
　　　「担保法改正と倒産法の課題」
　6　コメント１
　　　木村真也（弁護士・大阪弁護士会）
　7　コメント２
　　　毛受裕介（裁判官・那覇地方裁判所石垣支部）

8 質疑応答

9 閉会の挨拶

　　島田新一郎（創価大学法科大学院研究科長）

（総合司会：田村伸子）

参加者名簿

〈講師〉
飯尾　拓　　　　　　　第二東京弁護士会　弁護士
花房　博文　　　　　　創価大学法科大学院　教授
山本　研　　　　　　　早稲田大学大学院法務研究科　教授

〈コメンテーター〉
木村　真也　　　　　　弁護士（大阪弁護士会）
毛受　裕介　　　　　　裁判官（那覇地方裁判所石垣支部）

〈聴講者〉
青木　和久　　　　　　弁護士（東京弁護士会倒産部・日弁連司法制度調査会
　　　　　　　　　　　特別委嘱委員会）
〈司会進行〉
田村　伸子　　　　　　法科大学院要件事実教育研究所所長・創価大学法科大
　　　　　　　　　　　学院教授
小渕　浩　　　　　　　創価大学法科大学院教授
島田　新一郎　　　　　創価大学法科大学院教授・研究科長

　＊聴講者については、質疑をされた方のみ、その了解を得て氏名を掲載する。

倒産法と要件事実・講演会　議事録

田村伸子　それでは定刻になりましたので、ただいまより「倒産法と要件事実・講演会」を開会します。はじめに、開会の挨拶を、本学法科大学院で倒産法をご担当の小渕浩教授より頂戴します。

［開会の挨拶］

小渕浩　創価大学法科大学院の小渕と申します。本日は、要件事実教育研究所の講演会にご参加いただき、大変にありがとうございます。要件事実研究所では、これまで、様々なテーマで講演会を開催してまいりましたが、今年度は、倒産法と要件事実のテーマで、講演会を開催させていただきます。本日は講師として早稲田大学の山本研先生、第二東京弁護士会の飯尾拓先生、本学法科大学院の花房博文教授、また、コメンテーターとして、大阪弁護士会の木村真也先生、那覇地方裁判所石垣支部の毛受裕介裁判官をお招きしております。先生方におかれましては、ご多忙のところ快くお引き受けいただき御礼申し上げます。私自身としても、破産管財人として、多くの管財事件を担当してまいりましたが、これまで要件事実を意識したことは全くありませんので、本日の講演会を非常に楽しみにしております。本日の講演会が活発な討論となることをお祈りし、開会の挨拶とさせていただきます。

田村　小渕先生ありがとうございました。
　講師、コメンテーターの先生方におかれましては、事前の打ち合わせの段階から、メールでたくさんのやりとりを行い、本当に熱心にご議論していただきましてありがとうございます。本日は、大変にお世話になります。よろしくお願いいたします。
　それでは、この進行予定に従いまして、まずは、山本研先生から、テーマは「倒産法における平時実体関係の受容と変容、および否認の局面等における要

件事実に関する若干の検討」ということで、講演をお願いしたいと思います。山本先生、どうぞよろしくお願いいたします。

　＊講演レジュメは参加者にそれぞれ配付され、それらを参照しながら講演が行われている。本書103頁以下を参照されたい。

［講演１］
倒産法における平時実体関係の受容と変容、および否認の局面等における要件事実に関する若干の検討

山本研　どうもありがとうございます。ただいまご紹介にあずかりました、早稲田大学の山本研と申します。

　民事手続法を専門分野としておりますが、とくに研究対象としては倒産法関係を中心としており、そうした関係から、本日の「倒産法と要件事実」に関する講演会において報告をさせていただくことになりました。本日はどうぞよろしくお願いします。

はじめに

　私の報告におきましては、本日一本目の報告ということもあり、倒産法における要件事実の問題に立ち入るに先立ち、まず、より一般的な問題として、平時実体法と倒産法との関係について触れさせていただくことにします。これにあたりましては、平時において実体法に基づき認められる法律効果が、倒産手続との関係で、どのような原理に基づき、どのような範囲で制約されるのかという観点から、これに関する近時の理論動向を参照した上で、具体例として、弁済禁止の保全処分と債務不履行解除との関係を取り上げて、若干の検討・紹介を試みるとともに、近時の立法にみられる平時実体法と倒産実体法との新たな関係についても考察してみることとします。

　ついで、倒産法における要件事実に関する個別的なテーマとしまして、手続開始決定、否認権、さらには相殺禁止規定など、倒産法の様々な局面において要件として用いられている概念である「支払不能」と「支払停止」を取り上げ、

局面に応じた両概念相互の関係性や位置付けの相違について分析を試みること
とします。

　また、これに加えて、時間の制約もありますので簡単に触れるにとどめざる
を得ませんが、否認の局面において障害事由とされている「破産債権者を害す
ることを知らなかった」との要件の、否認類型に則した多義的意味内容、およ
び否認の要件としての「非義務行為性」の評価と位置付けについても、若干の
検討結果をお示しできればと存じます。

1　平時実体法と倒産法
——平時実体法に基づく法律効果の倒産手続における受容と変容

⑴ 近時の議論—「倒産法的再構成」の理論、「倒産法的公序」に関する議論の
　概観—

　(i)「倒産法的再構成」の理論

　それでは、さっそく、レジュメ 1 頁（本書104頁）の「平時実体法と倒産法の
関係」に入らせていただきます。

　こちらでは、まずは、平時実体関係の倒産手続における制約ないし変容に関
する理論的先行研究として、伊藤眞教授による「倒産法的再構成の理論」（伊
藤眞「証券化と倒産法理—破産隔離と倒産法的再構成の意義と限界—（上）・（下）」
金法1657号 6 頁、1658号82頁（2002））、および、そのさらなる精緻化を試みられ
た、山本和彦教授による議論の中から、とくにその中核をなす「倒産法的公
序」による実体権の制約に関する議論（山本和彦「倒産手続における法律行為の
効果の変容—『倒産法的再構成』の再構成を目指して」伊藤眞先生古稀祝賀論文集
『民事手続の現代的使命』1181頁（有斐閣、2015））について概観することとします。

　まず、伊藤教授による「倒産法的再構成」の理論は、倒産法による実体関係
の変動を「倒産法的再構成」という観念に基づき、統一的に説明しようとする
理論的試みということができます。それによれば、倒産処理手続においても、
手続開始前に有効に行われた法律行為の効力を尊重し、管財人や再生債務者も
法律行為の結果たる権利義務に拘束されるのが原則であるとされます。そして、
それを前提とした上で、資産価値を最大限のものとしてそれを利害関係人に配
分しようとする制度の目的を実現し、また、破産債権者その他の利害関係人間

の公平を回復するために、利害関係人の権利義務が変更ないし修正され、その本来のものと異なった内容のものとして扱われる可能性が認められるとし、かかる権利義務の変更ないし修正を倒産法的再構成と位置付けられます。

　そして、このような倒産的再構成を正当化する根拠は、手続の目的を実現し、利害関係人間の公平を回復することに求められるとし、単にそれが破産債権者などの利益になるというだけの理由から再構成が認められるべきではなく、利害関係人が再構成による不利益を受忍すべき正当な理由の存在が必要であるとされます。

　その上で、倒産法的再構成の基本原理として、倒産法的再構成がなされる場面と、その合理的限界について、レジュメ1頁から2頁（本書105頁）に示すように整理されます。すなわち、倒産法的再構成がされる第1の場面として、「一定の法律行為の形式がとられているにもかかわらず、その結果として成立する権利義務が、実体とは異なったものとなっており、かつ、法形式通りの権利義務を認めることが、破産債権者や更生債権者などの合理的期待を裏切る結果となる場合には、法形式による権利義務とは異なる倒産法的再構成がなされる可能性」が認められるとします。

　具体例として、ファイナンス・リース契約について、その実体法上の契約内容にかかわらず、倒産手続との関係では、リース会社の権利を担保的に再構成し、リース料債権について、目的物の使用収益の対価ではなく、リース契約時に一括して発生し、担保目的物の価値によって担保されると解されることがあげられるとします。これは、ファイナンス・リース契約について、倒産手続との関係では実体法上の性質決定とは異なる法的性質決定を採用することにより、法律行為により発生する権利義務が、倒産手続との関係で再構成される局面とみることができます。

　つぎに、第2の場面として、「ある法形式を認めることが破産や会社更生手続の規定を回避または潜脱する結果となり、手続の目的実現を妨げるものとみなされるときには、やはり倒産法的再構成の対象となり、法形式通りの法律効果の発生が否定されることがある」とします。そしてその具体例として、倒産解除特約に関して、それらが実体法上有効であったとしても、担保権の制約や管財人の契約解除の選択権という倒産手続の基本的目的を損なうものとして、

やはり倒産法的再構成の結果、効力が否定されるとしており、これについては、法律行為により発生する法律効果それ自体が、倒産法的再構成により否定される局面ということができます。

　その上で、以上のような2つの場面において倒産法的再構成が行われる可能性があるとしつつも、倒産法的再構成は、倒産手続外の実体法領域において有効と認められる法律行為の効果を変更または否定するものであることから、契約の相手方など、利害関係人の権利との公平を害しないか、および同様の目的を達成するために設けられている否認権制度などの他の制度との関係を考慮する必要があり、そこには合理的限界があるとされています。

　(ii)「『倒産法的再構成』の再構成」に関する議論

　以上の、伊藤教授の提唱にかかる、倒産法的再構成の理論に対し、山本和彦教授は、その基本的方向性に賛同しつつも、倒産の局面における実体関係の変容のすべてを「倒産法的再構成」という概念により説明することは困難であるとの問題意識、具体的には、①倒産法的再構成と実体法的再構成との境界をより明確にすべきこと、および②倒産法的再構成が可能となる法的根拠がより明確に示されるべきとの問題意識に基づき、問題となる局面に応じて、実体法的再構成、実体法と倒産法の法概念の相対性、および倒産法的公序の3つの観点からとらえ直す形で再構成する方向で、「『倒産法的再構成』の再構成」として、理論的精緻化を試みられております。

　山本和彦教授は、伊藤教授があげる第1の場面、すなわち、法律行為により発生する権利義務の倒産手続との関係における再構成については、倒産手続においても実体法的性質決定の結果は基本的にそのまま尊重されるのが原則であり、実体法上の性質決定と倒産手続における性質決定を異なるものとすることは法解釈として正当性を欠くとし、倒産手続との関係で、ある契約の法的性質が問題とされる場合でも、それが実体法の世界において一義的な性質のものとして理解されているときには、基本的に実体法における性質決定を尊重すべきとされます。また、実体法と倒産法とで法概念の内容が異なること、すなわち「法概念の相対性」により、平時と倒産時では法的性質決定のズレ（たとえば、実体法と倒産法で「賃貸借契約」あるいは「担保権設定契約」の概念内容が異なることにより、同一内容の契約が実体法上は賃貸借契約と評価され、倒産法上は担保

権設定契約と評価されること等）が生ずることは論理的にはあり得ないことではないとしつつも、この局面での倒産法的再構成については、法概念の相対性に依拠することはできるだけ避けるべきであるとします。その上で、なお当事者の採用した法形式とは異なる法的性質決定を導くとすれば、当事者の意思表示の実体法的な評価の問題として再構成すべきであり、法概念の絶対性（同一性）を前提に、実体法的再構成を模索すべきであるとされます。伊藤教授が例としてあげられる、ファイナンス・リース契約に即していえば、ファイナンス・リース契約について会社更生手続との関係で更生担保権として扱われるのであれば、それは実体法上も担保権設定契約として実体法的に再構成されるべきではないか、という問題意識に基づくものといえます。

つぎに、伊藤教授があげる第2の場面、すなわち、当事者の合意により実体法上発生する法律効果が、倒産手続との関係では倒産法的再構成により否定されるという局面については、実体法上、ある法律行為が有効なものであれば、当然、倒産手続においてもその法律行為に基づく法律効果が認められることを原則としつつも、当該法律行為が倒産法秩序の観点からみて倒産債権者の利益に看過し難い不利益を生じる場合であって、かつ、そのことを契約当事者が合理的に予測できたときには、かかる法律行為は、平時においては有効であっても、倒産手続との関係では強行規定としての倒産法的公序に反する法律行為として無効となるとされます。これは、債権者への弁済の最大化・平等化や債務者の経済的生活の再生という倒産手続の目的を達成するために認められる「倒産法秩序」に反する法律行為の効力は、強行法規ないし公序に違反するとの観点から、民法90条の適用により無効になるとするものです。

以上の分析を踏まえ、山本和彦教授は、平時における法律行為の効力が倒産手続との関係で問題となる場合には、法概念の相対性に依拠することにより平時実体法と倒産法とのズレを生じさせることは避けるべきであり、できる限り実体法的再構成による平時と倒産時の統一的な処理を志向すべきとしつつ、そのような試みに限界がある場合には、「むしろ正面から倒産法上の強行規定、すなわち倒産法的公序の問題として当該法律行為の効力を問題にするのが王道」であろうとされています。

(iii)当事者の法律行為（合意）の効力をめぐる上記理論からの検討―倒産解除

　特約の効力を例として

　以上の「倒産法的再構成」および「倒産法的公序」に関する理論においては、ともに、平時においてなされた当事者の法律行為（合意）の倒産手続の局面における拘束力について、倒産解除特約を取り上げて検討していることから、それぞれの理論の具体的適用例として、倒産解除特約の倒産手続との関係における効力について、それぞれの見解がどのように解しているかを見ておくことにします。

　レジュメでは、ちょうど３頁（本書106頁下から１行目）に入ります。

　①倒産法的再構成の理論からの検討

　まず、伊藤教授は、倒産法的再構成が行われる第２の場面（すなわち、当事者の法律行為により発生する法律効果の否定）の具体例として、倒産解除特約を取り上げ、当該特約が実体法上は有効であることを前提としつつ、担保権についての権利行使の制約や、管財人の契約解除に関する選択権保障など、倒産手続の基本的目的を損なうものとして、倒産手続との関係では効力が否定されるという形で倒産法的再構成がされるとします。

　②倒産法的公序の理論

　これに対し、山本和彦教授は、倒産解除特約については、当事者の合意内容を法的に別途評価するという問題ではなく、実体法的にかかる合意を無効なものとして再構成する余地はないことを前提に、もっぱら、その効力を倒産法的公序に反するものとして強行法的に否定するかどうかという観点から再構成を図り、一定の場合には公序違反としてその効力を否定すべきとされます。かかる、山本教授の議論は、こと倒産解除特約をはじめとする、実体法上の合意の倒産手続における拘束力に関しては、伊藤説と同じ方向性のものといえますが、かかる制約の根拠を倒産法的公序との抵触に求めるとともに、実体的再構成の問題と明確に切り分けているという点で、理論的な精緻化ないし明確化を図っていると位置付けることができようかと思われます。

⑵ 実体法上の法律効果の変容（制約）に関する若干の検討

　　―弁済禁止の保全処分と債務不履行解除を例として―

　以上、概観してきた、伊藤教授や山本和彦教授による議論は、主に倒産手続

開始前になされた当事者の法律行為、とくに平時における合意の解釈、および
それによって生じる効力が、倒産手続との関係でどのように修正され、あるい
は制約を受けるかを検討対象とするものということができます。これに対し、
当事者の合意ではなく、一定の要件の下に発生することが実体法によって規定
されている法律効果、たとえば一定の要件の下に生ずるとされる法定解除権等
について、その行使を倒産手続との関係で全面的に認めることに問題がある場
合、その法律効果についてどのように考えるべきかという問題は、上記の議論
と類似する面はあるものの、一応は区別して検討すべき問題ということができ
ようかと考えております。

　これにあたり、一つのアプローチとしては、例えば、倒産手続開始による弁
済の中断をもって債務不履行として、債務不履行による解除権の発生ないし行
使を認めることができるかという観点から検討することが考えられるところで
あり、実際にも、かかる場合における解除権の発生を制約する理論については
従来より議論があるところであり、また債権法改正との関係でも新たな理論が
提唱されているところです。しかしながら、本日は、私自身の問題関心との関
係で、倒産手続開始前の保全処分との関係で、実体法が規定する法律効果の効
力、すなわち弁済禁止の保全処分発令を理由とする弁済拒絶に基づく債務不履
行解除に関する問題を例として取り上げ、若干の私見を述べさせていただくこ
ととします。

　なお、レジュメの脚注(9)（本書108頁）に示させていただいたとおり、私見と
しては、手続開始前の保全処分段階の問題と、手続開始後の問題については、
弁済が禁止される根拠や、効力、範囲等についても相違があるため、必ずしも
同一に論ずることはできないと考えているため、手続開始後の弁済禁止効との
関係とは一応別問題として、本日は弁済禁止の保全処分との関係に限定して論
じさせていただくこととします。

　さて、弁済禁止の保全処分発令を理由とする弁済拒絶と、債務不履行解除と
の関係については、従来より論じられてきているところであり、これについて
は債務者が弁済しないのは裁判所の命令によるものであり、弁済をしないこと
について、履行遅滞の発生要件である債務者の帰責性を欠くとして、債務不履
行解除を否定するのが通説・判例（最判昭和57年３月30日民集36巻３号484頁）と

され、最近までは、理論的にも実務的にも概ね異論のない問題と位置付けられ
ておりました。ところが、ご存じの通り、平成29年のいわゆる債権法改正（平
成29年法律第44号）により、契約解除にあたり債務者の帰責性が不要とされ、
債務不履行があれば債務者に帰責事由がない場合にも債権者は契約の解除をす
ることができることとされたため（民541条・542条）、弁済禁止の保全処分を理
由に弁済を拒絶した場合には、債務者に帰責事由がないため債務不履行として
契約を解除することはできないとする、これまで一般的に受け入れられてきた
解釈論が妥当しないこととなり、これに対する理論的対応が迫られる事態が生
じております。

　そこで、学説においては、新しい契約解除法制の下における解釈論として、
弁済禁止の保全処分を理由とする債務者の履行拒絶には正当な理由があり、倒
産手続との関係においては、債務不履行としての違法性が欠けるとする見解
（伊藤眞『破産法・民事再生法〔第5版〕』158頁（注172）（有斐閣、2022））や、弁
済禁止の保全処分の発令により、債権者は解除の要件たる催告を有効にできな
くなるとの理由により、これまでと同様の帰結を維持できるとする見解（加毛
明「新しい契約解除法制と倒産法―倒産手続開始後における契約相手方の法定解除
権取得の可否」事業再生研究機構編『新しい契約解除法制と倒産・再生手続』228頁
以下（商事法務、2019））など、従前の処理を維持する方向での解釈論が新たに
提唱されるに至っております。

　これらの解釈論は、解除の要件である「違法性」や「催告」等の要件充足性
の観点からアプローチするものですが、私見としては、先にご紹介させていた
だいた、倒産法的再構成ないし倒産法的公序に関する議論から示唆を得ること
により、平時実体法に基づく解除に関する規律の倒産手続との関係における制
約という観点から、新たな解釈論の可能性を見いだすことができるのではない
かと考えているところです。こちらについては、近々刊行される予定の別稿
（拙稿「弁済禁止の保全処分と債務不履行解除―新しい契約解除法制下における解釈
論的検討」中島弘雅先生古稀祝賀論文集『民事手続法と民商法の現代的潮流』（弘文
堂、2024）所収）において検討させていただいたところであり、また、本日の
講演会のテーマである要件事実論からは外れるため、詳細に立ち入ることは差
し控え、検討結果の概略のみお示しさせていただくこととします。

　すなわち、新しい契約解除法制下における法定解除権の発生要件については、平成29年の債権法改正によって最新の実体法規律として整備されたものであり、少なくとも現段階においてその実体法的再構成を検討すべき問題ということはできず、また、平時と倒産時における法概念の相対性に依拠すべき問題でもないといえます。したがって、法定解除権の発生要件を満たす以上、倒産手続との関係でも解除権の発生という効果が原則として認められることになると考えております。これに対し、弁済禁止の保全処分が発令されている場合には、違法性または催告の要件が欠けるとして、解除の要件充足性の問題としてアプローチする見解もありますが、私見としては、平時であれば要件を満たすと解されるのであれば、倒産手続との関係でもその要件充足性を認め、解除権は発生するものとした上で、解除権の行使（すなわち、行使の結果生ずる効力）が倒産法的公序に反する場合には、これを権利濫用と評価し、その行使について制約するとの解釈論によるべきと考えております。

　この点、当事者の合意の拘束力を検討対象とする山本和彦教授のご議論では、倒産法的公序に反する当事者の合意については無効と解するとされておりますが、合意に基づく拘束力と法律の規定に基づき生ずる効力を同視し、法定解除権についても、倒産法的公序に反するとして発生自体を否定することは、平時実体法と倒産実体法との乖離を拡大させることとなるため、少なくとも手続開始前の保全処分との関係においては、法定解除権の発生自体は認めつつ、その行使について権利濫用と評価することにより制約することが解釈論としては穏当と考えたところによります。

　今回の講演会の準備段階で、コメンテーターや他の講演者の先生方と議論をさせていただく中で、私見のようなアプローチによる場合、解除権の行使について「権利濫用」との評価を導く評価根拠事実とはいかなるものか、という点についてご指摘をいただきました。詳しくは、コメントにおいてまた敷衍していただけるかと存じますが、私見としては、解除権の行使と倒産法的公序の関係については、各倒産手続の目的との関連の中で、解除権の行使を認めることが当該倒産手続の制度趣旨・目的、あるいは目的実現のために設けられている諸制度との関係で看過しがたい弊害を生じさせるか否かを基準に判断すべきであると考えております。従いまして、評価根拠事実としましては、かかる「看

過しがたい弊害」を生じさせる事由を想定しております。もっとも、これについては各倒産手続の制度趣旨・目的には異なるところがあるため、それぞれの手続ごとに、また、担保権と一般の手続債権とではそれぞれの手続における処遇に差があることから、担保権に関する契約であるか、あるいは一般の手続債権に関する契約であるかといった類型別に、解除権の行使が上述した意味における倒産法的公序に違反するかを検討すべきことになりますが、ある程度の類型的な評価は可能であろうと考えているところです。

⑶ 近時の立法にみる平時実体法と倒産実体法の関係

（ⅰ）平成29年民法（債権関係）改正による詐害行為取消権に関する規律の整備

続きまして、平成29年の民法債権法関係の改正、および現在立法に向けた検討が進められている担保法制の改正にみられる、平時実体法と倒産実体法の新たな関係性について、簡単に触れさせていただくこととします。レジュメでは、4頁中段の⑶（本書109頁）となります。

まずは、平成29年の債権法改正における詐害行為取消権に関する規定の整備についてです。詐害行為取消権（民424条以下）と否認権（とくに、詐害行為否認：破160条以下）は、責任財産を減少させることにより債権者を害する行為の効力を否定するという意味においては、同質性を有しており、両者は平時と倒産時における同趣旨の制度として対応関係が認められます。そのため、両制度については、平時と倒産時という相違を反映した差は生じるとしても、平時と倒産時の連続性を確保するという観点からも、その基本構造や要件については、ある程度整合的なものであることが望ましいということができます。

しかしながら、両制度については、旧破産法の時代より、行使方法、要件、効果の全般にわたって差異があったところ、さらに平成16年の現行破産法の制定にあたり、倒産法において、否認制度について行為類型を基準に規定が整備され、個々の否認の要件が明確化されたことにより、両制度の差はさらに顕著なものとなりました。また、かねてより、倒産法上の否認権よりも、平時における詐害行為取消権の方がより広い範囲で認められるという、いわゆる否認権と詐害行為取消権の逆転現象も指摘されておりました。

こうした状況の下、平成29年の債権法改正にあたり、詐害行為取消権につい

て倒産法における否認権の規律との平仄という観点も踏まえつつ検討が進められ、倒産法における否認権と同様に対象行為の類型を基準に詐害行為取消権の要件を定める形で規定が整備され、平時における詐害行為取消権と倒産時における否認権について、要件・効果の両面にわたる連動性が確保されるに至り、整合性ある解釈、運用が可能となっております。

　また、転得者に対する詐害行為取消権の規定（民424条の5）が整備されたことを受け、倒産法における転得者否認の規定（破170条1項1号、民再134条1項1号、会更93条1項1号）についてもこれに合わせる形で改正がされるなど、両制度間における相互影響作用が生じており、今後、両制度の解釈・運用においてもさらなる相乗効果が期待されるところであるといえます。

　(ii)担保法制の見直しにおける平時実体法と倒産法の連動性確保

　また、現在立法に向けた検討作業が進められている担保法制の改正にみられる、平時実体法と倒産法制との関係についても、一言だけ触れさせていただきます。

　従来、平時実体法と倒産法は、原則としてそれぞれ別個の局面について規律するものとして、少なくとも立法においてはその連動性については、必ずしも十分に意識されていたわけではないと思われます。もちろん、民法においても、使用者破産による解約申し入れ（民631条）、注文者破産による解除（民642条）、破産による委任の終了（民653条2号）など破産時を念頭に置いた規定も設けられてはいるものの、それはあくまで限定的な場面にとどまるものといえます。しかしながら、現在立法に向けた検討が進められている担保法制の見直し作業においては、集合動産担保権や集合債権を目的とする譲渡担保権等の「新たな規定にかかる担保権」について、平時における要件・効果のみならず、倒産時における処遇、すなわち、別除権としての位置付け、担保権実行中止命令の適用、いわゆる倒産解除条項の取扱い、手続開始後に生じた財産に対する担保の効力、危機時期後における担保目的財産の増大と否認との関係等についても一体的に検討されており、平時と倒産時における規律の一体化、ないし連動性の確保を意識して検討が進められているように見受けられます。

　倒産時における処遇を念頭に置いて、平時における規律のあり方を検討していくという方向性は、先に紹介した、山本和彦教授がいうところの「実体法的

再構成」の立法レベルにおける実践ともいうことができようかと存じます。また、このような、平時と倒産時を連続する局面として一体的に見据えた立法のあり方は、「平時」と「倒産時」の法的位置付けについて、別々のルールが支配する別個独立の領域としての位置付けから、共通性ないし連動性を持った統一的なルールの下にある連続した局面としての位置付けへの転換の契機となるのではないかとも考えるところです。

2　倒産法における要件事実──否認の局面における要件事実を中心として

　平時実体法と倒産法との関係についての一般論的な話が少々長くなりましたが、つづきまして、倒産法における要件事実に関する個別的なテーマとして、まず、倒産法の様々な局面において要件として用いられている、⑴「支払不能」と「支払停止」を取り上げ、機能する局面に応じた要件充足性の判断のあり方、両概念相互の関係性の相違等について若干の分析を試みることとします。その上で、時間の関係もあるため、簡単に触れるにとどめざるを得ませんが、否認の局面における要件事実に関連して、⑵否認障害事由として、詐害行為否認と偏頗行為否認の相違に応じ、同一文言ながら異なる概念として用いられている、「破産債権者を害すること」の多義的な意味内容、および⑶否認の局面における「非義務行為性」の位置づけと、非義務行為の類型に応じた評価の相違について触れさせていただくこととします。なお、以下におきましては、会社更生法や民事再生法についても、共通する部分が多くありますが、原則として、破産法における規定を念頭にお話を進めさせていただきますので、ご了解ください。

⑴　要件事実としての「支払不能」と「支払停止」

（i）「支払不能」と「支払停止」の概念

　それでは、さっそく「支払不能」と「支払停止」について、先ずはその概念について確認しておくこととします。

　レジュメ5頁（本書110頁）に引用しているとおり、「支払不能」については、破産法2条11項に定義規定が置かれており、「債務者が、支払能力を欠くために、その債務のうち弁済期にあるものにつき、一般的かつ継続的に弁済するこ

とができない状態」と定義されております。ここにいう、「支払能力」が欠乏しているかについては、債務者が現在有している財産だけでなく、その信用、および労務ないし稼働力の三要素から判断するものと解されており、また、「弁済期にあるものにつき、支払うことができない」という点についても、現実に履行期が到来し、履行の請求を受けた債務を支払うことができないことを意味すると解するのが伝統的な通説・判例の立場ですが、弁済期の到来した債務を支払っていたとしてもそれが無理算段によるものである場合には、支払不能と認定できるとする見解や、さらには、近い将来に債務を弁済できなくなることが高い蓋然性を持って、見通せるような状況にあれば、現時点で債務不履行はなくても支払不能にあると認定できるとする見解もあるところです。このように、支払不能は、個別的な事実からダイレクトに判断されるものではなく、その財産状態にかかる諸要素を総合的に評価し、客観的に認定される債務者財産の破綻状態ということができます。その意味では、支払不能は、評価的な要件と位置付けることができようかと存じます。

　これに対し、「支払停止」の意義については、明文規定はないものの、判例・学説の積み重ねにより、「弁済能力の欠乏のために弁済期が到来した債務を一般的かつ継続的に弁済することができない旨を外部に表明する債務者の行為」であると解することについては、今日では概ね異論のないところです。このような、債務者による弁済できない旨の外部表明行為である支払停止は、その客観的財産状態とは一応切り離された、債務者の主観的行為であり、明示的なもののみならず、黙示的なものでも弁済できない旨を外部に表示する行為であれば足りるとされております。明示の支払停止行為としては、債務者からの弁済を停止する旨の告知などが、また黙示の支払停止行為としては、夜逃げや手形の不渡りなどが典型例としてあげられるところです。こうした支払停止については、債務者の主観的行為に基づき認定されることから、事実的要件といえるケースが多いかと思われますが、何をもって、「債務を弁済できない旨を外部に表明した」と判断するか、評価的な側面も伴うケースもあるように思われます。

　(ii)支払不能と支払停止が機能する局面

　つづいて、支払不能と支払停止が要件として用いられている場面について確

認しておきます。支払不能と支払停止は、レジュメの5頁から6頁（本書111頁）にかけてお示しするように、破産手続との関係では、破産手続開始決定の段階においては、手続開始原因事実とその前提事実として、また、否認権や相殺禁止規定においては、危機時期を画する基準として用いられております。なお、否認権との関係では、破産法166条により、支払停止を要件とする否認については時的制限が設けられており、後ほど紹介させていただくように、この規定の支払不能を要件とする否認規定への類推適用の許否が問題となり、両概念の相違を踏まえこれを否定した裁判例があります。また、否認権と相殺禁止規定においては、ともに支払停止が危機時期を画する基準の1つとして用いられていますが、相殺禁止規定との関係では、支払停止後の債務負担や破産債権の取得について、支払停止の時点で支払不能でなかったときには、相殺禁止の対象外としていますが（破71条1項3号ただし書・72条1項3号ただし書）、これに対し、支払停止を危機時期とする否認規定については、こうした支払不能の裏付けのない支払停止を危機時期の基準から除外する旨の規定は、置かれていないという違いがあります。

　⒤支払不能に関する要件充足性の判断―機能する局面に応じた相違

　以上のように、支払不能や支払停止は、破産手続における、手続開始決定、否認、相殺禁止といった様々な局面において要件として用いられておりますが、特に評価的な要件である支払不能については、その概念について多義的にとらえる必要はないものの、その要件充足性の判断や評価根拠事実については、機能する局面に応じた相違が自ずと生じざるを得ないのではないかと考えております。すなわち、手続開始原因としての支払不能については、手続開始決定の時を基準時として、その時点において支払不能の客観的状態にあるかについて、現在進行状態において、いわば"前に向かいながら"判断をしていくのに対し、否認権の成否や相殺禁止規定に関しては、手続開始前になされた対象行為の時点において、支払不能に陥っていたかについて、手続開始後に回顧的に評価規範的な要素を含みつつ判断されるため、行為後の事情も支払不能の判断に係る評価根拠事実として考慮される可能性があり、判断の構造・結果に自ずと差異が生じる余地があるのではないかと考えております。

　また、支払停止についても、これを純然たる「事実的要件」と位置付けるの

であれば局面に応じた要件充足性の判断に差が生じることもないと解されますが、一定の評価的判断を伴う場面もあり得ることから、やはり手続開始原因を推定する前提事実としての判断と、否認権や相殺禁止の時的要件としての判断とでは、行為後の事情や手続開始申立てとの近接性など、その考慮要素については局面に応じた相違が生じ得ると思われます。

　(iv)支払不能と支払停止の関係

　さて、ここで支払不能と支払停止の関係について、いったん整理をしておくことに致します。

　まず、時系列的な位置付けについてです。現実の倒産事件においては、もちろん様々なパターンがあり得ますが、債務者の倒産手続開始に至る典型的な時系列としては、債務を弁済できない客観的な状態である支払不能に陥り、それを内部的にとどめておくことができなくなり外部に表明する支払停止行為を行い、法的な整理を選択することにより、倒産手続の開始を申し立て、そして手続開始決定に至るという流れが想定され、倒産法の規定上もこのような時系列（支払不能→支払停止→手続開始申立て→手続開始決定）が典型的なものとして想定されていると解されます。

　次に、破産手続開始決定段階における、「支払不能」と「支払停止」の関係です。こちらについては、ご存じのとおり、客観的な財産破綻状態である「支払不能」が手続開始原因事実とされ（破15条1項）、その立証負担を軽減する等の観点から、債務者の主観的行為である「支払停止」が支払不能を推定する前提事実として位置付けられております（同条2項）。支払不能については、手続開始決定の時点においてかかる状態にあることが必要とされることは当然ですが、支払不能を推定する前提事実たる支払停止についても、手続開始決定時まで持続していることが必要なのか、あるいは一回的行為で足りるのかについては、支払停止を「債務者の状態」とみるのか、あるいは「債務者の行為」としてとらえるのかにより異なります。支払停止を債務者の状態ととらえるのであれば、支払不能に近接する概念となり、手続開始決定時までの持続性が必要となるのに対し、支払不能とは一線を画する概念として、一定時点における行為と解するのであれば、自ずと持続性は不要ということになります。これについては、支払停止概念は、破産手続開始原因である支払不能の立証負担の軽減

を図る側面を有していることに照らすと、支払停止についても支払不能概念に接近させ持続性を要すると位置付けたのでは、支払停止の本来の意義を没却してしまうことから、持続性は不要と解する見解が一般的といえます。なお、レジュメの脚注⒀（本書112頁）において示すように、支払停止につき二義的にとらえ、否認権や相殺禁止の要件としての支払停止については持続性が必要とするものとして青山善充先生の見解もありますが、今日においては、その意義としてはあくまで一義的に解すべきであり、ただ局面に応じてその機能は異なると解する見解が有力かと思われます。

　また、旧破産法においては、危機否認（旧破72条２号）および相殺禁止（旧破104条４号）の危機時期について、支払停止を基準時として用いておりましたが、平成16年の現行破産法の制定にあたり、偏頗行為否認においては、債権者平等が要請される実質的危機時期として支払不能基準が採用されるとともに（破162条１項１号）、相殺禁止の基準時についても、合理的相殺期待に欠ける相殺を適切に規制する観点から、支払不能後の債務負担及び債権取得についても、信用供与実務に対する萎縮効果について一定の配慮をしつつ、相殺禁止の対象とすることにより、相殺禁止の範囲を拡張するに至っており（破71条１項２号・72条１項２号）、こうした観点からは、現行法においては、「支払不能」が実質的債権者平等が求められる時的基準として位置付けられているとみることもできます。

　そうしますと、支払停止を要件とする否認の位置付け、逆に言えば、危機否認等の要件としての「支払停止」をどのように位置付けるべきかが問題となり得ます。先に見たように、支払停止を要件とする否認については、破産法166条による時的制限が課されております。支払停止を要件とする否認にのみこのような制限を課す理由について、立法者の説明によれば、「支払の停止は、破産者が支払不能であることを外部的に表明したに過ぎず、支払不能の徴憑事実として不確実な面があり」、受益者が緩和された要件の下で長期間否認のリスクを負うこととなるのは、相当ではないとの考慮によるものとされています（小川秀樹編著『一問一答新しい破産法』234頁（商事法務、2004））。これに関し、破産法166条の支払停止を要件とする否認の制限規定の、支払不能への類推適用の可否が問題となった比較的最近の裁判例として、札幌地裁令和３年７月15

日判決（判タ1501号206頁）があります。こちらは、破産手続開始申立てより1年以上前になされた、債務消滅行為に対する偏頗行為否認（破162条1項1号（イ））について、破産法166条による制限が類推適用されるかが問題となった事案であり、札幌地裁は、破産法166条の趣旨について、立法者による説明と同様に、支払不能の徴表としては不確実な事実である支払停止を要件とする否認の可能性を長期にわたって認めることは、取引の安全を害することになることによるとした上で、これに対し、支払不能は客観的な状態を意味するものであることから、これを要件とする否認を破産手続開始申立日より1年以上遡って認めても、不当に取引の安全を害することにならないとし、「それ自体が破産手続開始原因となる支払不能と、その徴憑にとどまる支払停止とを、否認権行使の場面において当然に同一に取り扱うべきと」いえないとして、支払不能を要件とする否認への破産法166条の類推適用を否定しております。このような破産法166条の立法趣旨やこれに関する裁判例からは、支払停止を要件とする否認については、支払不能の徴憑事実としては不確実な面のある要件の下で認められる、緩和された否認類型と位置付けられていることが読み取れます。

　以上を踏まえ、支払停止と支払不能の特徴ないし性質を対比してみると、レジュメ7頁（本書113頁）に示す表のように、支払停止が債務者の主観的行為であるのに対し、支払不能は債務者財産の客観的状態ということができ、立証の難易という観点からは、支払停止は立証が容易であり、原則的には外部からも明確な要件といえるのに対し、支払不能は、立証が比較的困難であり、またその認定にあたっては一定の評価的要素を含む要件ということができます。また、財産状態の徴憑としては、支払停止は不確実な徴憑にとどまるのに対し、支払不能は財産破綻状態の確実な指標ということができ、支払停止を要件とする否認については、緩和された要件の下での否認と位置付けられ、それとの対比として、支払不能は、実質的債権者平等が求められる時的基準として、本来的な要件と位置付けられているとみることもできるように思われます。

　以上みてきたように、否認権と相殺禁止に関するいくつかの規定において、支払停止と支払不能がともに要件として用いられていますが、先に対比した両概念の特徴のいずれを重視するかについては、それぞれの規定においてまちまちであるといえます。さらに、ある局面では、否認規定において支払停止と支

払不能の相違を重視した規定ぶりとなっているのに対し、相殺禁止規定においてはそのような相違は捨象されており、別の局面では、逆に相殺禁止規定において両者の違いを重視した規定となっているのに対し、否認規定においては両者について同様に扱うなど、両者の位置づけについては、"ねじれ"ともいえる不整合な関係性が認められ、否認規定と相殺禁止規定全体を比較してみると、両概念の位置付けについてはかならずしも平仄がとれているとはいえない状況にあります。

　具体的には、レジュメ 7 頁（本書113頁）にその対比について整理しておりますが、たとえば、破産手続開始申立日より 1 年以上前の行為についての制限規定に関して、否認においては、先に分析したように、支払停止と支払不能の相違を重視した規定（破166条）となっているのに対し、相殺禁止規定との関係では、支払停止と支払不能の区別なく、破産手続開始申立より 1 年以上前に生じた原因に基づく債務負担や債権取得について相殺禁止の対象外としております（破71条 2 項 3 号・72条 2 項 3 号）。また、逆に、否認規定においては、支払停止後の詐害行為については、その当時支払不能ではなかったとしても否認を制限していない（破160条 1 項 2 号）のに対し、相殺禁止規定との関係では、支払停止の時点で支払不能でなかったときは、相殺禁止規定の適用が除外されている（破71条 1 項 3 号ただし書・72条 1 項 3 号ただし書）ということ等があげられます。このような、否認規定と相殺禁止規定における支払停止と支払不能の関係性について、何に起因してこのようなねじれが生じているのか、また、これをどのように整合的に理解すべきかについては、現時点においてはまだ定見を有していないため、今後さらに検討してみたいと考えておりますが、さしあたり本日の報告では、まずはこうした不整合ともいえる関係性が認められることについて、指摘するにとどめさせていただきます。

⑵「破産債権者を害すること」の二義性

　つづいて、法文上は同一の文言が用いられている要件について、二義的に解されている例として、破産法160条 1 項 1 号の詐害行為の故意否認、および162条 1 項 2 号の支払不能前30日以内になされた非義務行為の否認において、ともに否認障害事由として用いられている「破産債権者を害することを知らなかっ

た」という要件について、簡単触れさせていただきます。

　これにつき、現行破産法の立法当初は両者の異同をめぐり見解が分かれていましたが、現在においては、詐害行為否認と偏頗行為否認の制度趣旨の相違に基づき、否認障害事由としての「破産債権者を害することを知らなかった」について二義的に解する見解が一般的となっております。すなわち、破産法160条1項1号の詐害行為否認における「破産債権者を害すること」については、責任財産の欠乏という観点から把握され、破産者の行為が責任財産減少につながること、または当該行為がなされた時点において債務者の財産状態が実質的危機時期にあることを意味し、これらの事実を知らなかったことを立証すれば否認の成立が妨げられると解されています。他方、破産法162条1項2号の非義務行為の否認との関係では、偏頗行為否認の一類型であることから、障害事由として用いられている「他の破産債権者を害すること」についても、債権者平等を念頭においた概念として理解すべきとされ、具体的には、支払不能が接近しているという事実を意味し、かかる事実について認識がなかったことを立証した場合には否認を免れると解されています。なお、支払不能の発生についての認識（予測）の程度については、かならずしも詰めた議論がされていたわけではありませんが、支払不能の発生が相当程度の「蓋然性」をもって予測される状態と解する見解が多数とされています。

(3) 否認の局面における「非義務行為性」の評価の相違

　さて、持ち時間も少なくなってまいりましたが、最後に、レジュメ8頁（本書114頁）の「(3)否認の局面における『非義務行為性』の評価の相違」として、否認の局面における、対象行為の「非義務行為性」の評価ないしその位置付けについて、触れさせていただくことにします。

　ご承知のとおり、偏頗行為否認においては、対象行為が非義務行為である場合には、証明責任の転換や、対象行為の時期の遡及という効果が認められておりますが、非義務行為の類型に応じて、その効果は異なるものとされております。

　すなわち、支払不能後、または手続開始申立後になされた偏頗行為については、破産法162条1項1号により偏頗行為否認の対象とされ、危機時期につい

ての立証責任は破産管財人が負うものとされておりますが、同条２項２号により、当該行為が、(a)行為自体の非義務行為、(b)時期における非義務行為、または(c)方法における非義務行為のいずれかにあたる場合には、危機時期についての受益者の悪意の証明責任が転換するものとされています。したがって、支払不能後または手続開始申立後になされた偏頗行為との関係では、これら(a)〜(c)の非義務行為性は、危機時期についての悪意の証明責任の転換を生じさせるという形で機能することとなります。このような証明責任の転換については、本来行う必要がない行為を行うことにより特定の債権者の満足を図るという、非義務行為に共通する有害性に基づくものと理解することができ、この点については、(a)〜(c)のいずれの類型の非義務行為についても妥当することから、(c)の方法における非義務行為も含め、証明責任の転換を生じさせるものとされていると解されます。

　他方、現行破産法においては、偏頗行為否認について支払不能基準を採用しており、支払不能前になされた債務消滅行為等は否認の対象とならないのが原則ですが、対象行為が、(a)行為自体の非義務行為、または(b)時期における非義務行為にあたるときには、支払不能基準の例外として、支払不能前30日以内にされた行為については、なお否認し得るものとされております（破162条１項２号）。なお、(c)の方法における非義務行為については、支払不能前の行為は否認することができないとされており、(a)と(b)の非義務行為性のみ、否認対象時期の遡及という効果を生じさせることになります。

　なぜ、(a)と(b)の類型の非義務行為については、否認対象期間の遡求という効果が生じるのかという問題について、時期における非義務行為の否認との関係を中心に、非義務行為否認における有害性とは何かという観点から、レジュメの脚注⒂（本書116頁）において引用させていただいた論文（拙稿「時期に関する非義務行為（期限前弁済）の否認における有害性」本間靖規先生古稀祝賀文集『手続保障論と現代民事手続法』985頁、1008頁以下（信山社、2022））において検討したことがありますので、その検討結果について簡単にご紹介させていただきます。

　私の検討したところによれば、破産法162条１項２号は、「非義務行為」というだけではなく、当該非義務行為につき、「破産リスクの現実的転嫁」という

有害性が認められる場合にはじめて、支払不能前30日以内の行為に遡り否認対象とする効果を生じさせると考えております。ここにいう、「破産リスクの現実的転嫁」とは、本来は破産手続に従った平等弁済に服することになっていたであろう債権者が、期限前弁済等の非義務行為により破産手続によらずに債権を回収することによって、かかる回収不能リスクを他の債権者に転嫁し、その満足の低下を招来させることを意味します。そうすると、(a)の行為自体の非義務行為については、本来であれば破産手続に服すべき債権者に対して、義務なくして担保等を供与することによって、別除権者としての地位を与え、破産手続による平等弁済に服することを免れさせるものであり、破産債権者一般に対する弁済原資の減少という形でリスクの現実的転嫁が観念できることとなります。また、(b)の時期における非義務行為についても、期限前弁済により否認を免れることによって、平等弁済に服すべき他の破産債権者との平等を害するとともに、破産債権者一般に対する弁済原資の減少という形でリスクの現実的転嫁が認められますので、この2つの類型の非義務行為については、定型的に破産リスクの現実的転嫁が観念できることから162条1項2号の対象となり、支払不能前30日以内になされた行為に遡り、否認対象とすることができると解されます。これに対し、(c)の方法における非義務行為については、非義務行為性は認められるものの、破産リスクの現実的転嫁が定型的に認められないことから、2号否認の対象から一括して除外されていると理解することができます。

　以上の検討結果を、時期における非義務行為の否認における要件事実論に引き直してみますと、受益者としては、否認阻却事由（否認障害事由）として、「（期限前弁済に）有害性がないこと」ことを主張することになります。そして、「（期限前弁済に）有害性がないこと」ことの内容としては、「本来の弁済期後に支払不能となったこと（すなわち、本来の弁済期が支払不能前であること）」、および「破産リスクの現実的転嫁がないこと」を主張することになります。したがいまして、具体的な抗弁事実としては、前者については、そのまま「本来の弁済期後に支払不能となったこと」が、そして後者については、破産リスクの現実的転嫁が生じない具体的事由、たとえば繰上弁済による弁済順序の入れ換えがないこと等が、これにあたると考えております。

おわりに

　今回、いただいた「倒産法と要件事実」とのテーマに関し、私自身の問題関心を踏まえ、平時実体法と倒産法の関係に関する一般的な問題として、平時実体法が定める要件のもとで発生する法律効果の倒産法における受容と変容に関する基本原理につき、伊藤眞教授による倒産法的再構成の理論、および山本和彦教授による倒産法的公序に関する議論を参考として、弁済禁止の保全処分と債務不履行解除との関係を例に若干の検討をさせていただきました。

　また、倒産実体法における要件事実に関する個別的問題について、否認の場面を中心に、要件事実とされる法律概念が多義的ないし異なる機能・位置付けをもって用いられていると思われる場面をいくつか取り上げ、これに関する若干の問題意識を含め提示させていただきました。

　こうした検討内容につきましては、要件事実論それ自体からは少し離れてしまったところもあるかもしれませんが、多少なりとも本日の講演会のご趣旨にリンクし、倒産法との関係性から、要件事実論について考察を深める一つのきっかけとなるものであれば幸いです。

　また、詰め切れていない点や説明不足の点も多々あろうかと存じますが、そうした点につきましては、後ほどのコメンテーターの先生方からのコメントにおいて、ご教示をいただくことにより補っていただくとともに、参加者のみなさまとの質疑を通じて指摘いただき、補足させていただければと存じます。

　本日は貴重な講演の機会をいただき、ありがとうございました。私の報告は以上とさせていただきます。

　田村　山本先生、大変にありがとうございました。続きまして、飯尾拓先生より「相殺禁止規定（破産法第71条第1項第2号前段）における『主張立証責任対象事実の決定基準』について」というテーマでご講演をお願いします。飯尾先生、よろしくお願いいたします。

［講演2］
相殺禁止規定（破産法第71条第1項第2号前段）における
「主張立証責任対象事実の決定基準」について

飯尾拓　よろしくお願いいたします。第二東京弁護士会に所属いたしており
ます弁護士の飯尾拓と申します。修習は52期で普段は破産管財人等の業務を中
心に倒産事件に関与いたしております。本日はよろしくお願いいたします。

　私の講演のテーマは、「相殺禁止規定（破産法第71条第1項第2号前段）にお
ける『主張立証責任対象事実の決定基準』について」で、ございます。

　検討の対象となる条文は平成16年に制定された新破産法により新たに導入さ
れた条文ですので、まず、1番目に条文の制定の趣旨や、経緯について、簡単
にご紹介申し上げます。

　また検討の対象とする条文のうち特に目的要件について検討して参りたいと
思うのですが、この目的要件は、法制審議会で審議され、法律となった後、裁
判所の裁判が行われる前から問題があるのではないかと議論となっておりまし
た。

　そこで、次に2番目として、目的要件について、どのような点が問題だと捉
えられていたのか、問題点を解決するために、研究者等において、どのような
解釈論を展開しているのかについて紹介いたします。

　3番目として、それでは、目的要件というものを要件とする必要性があるの
かどうか、設例を通じて、目的要件がどうして必要なのか、何を保護するため
の要件なのかを考えてみたいと思います。

　そして、4番目として、実際の裁判例において、どのように目的要件が解釈
されているのか、裁判所の解釈に問題はないのかどうかといったことを報告い
たしたいと考えております。

　なお、時間の関係で、レジュメを読み飛ばす箇所があること、また、途中か
なり早口となりますので、お聞き苦しい点があることを予めお詫びいたしてお
きます。

　それでは、レジュメ（本書117頁）を御覧ください[1]。

第1　破産法第71条1項2号前段

1　相殺の禁止に関する条項

　相殺の禁止に関する条項につきまして、まず、お話いたします。

　平成16年に新たに制定され、平成17年から施行された新破産法は、債務者と破産債権者間の相殺に関し、破産債権者からみて受働債権となる債務の負担時期による相殺の制限（破産法第71条）と、同じく自働債権となる破産債権の取得時期による相殺の制限（破産法第72条）に関する条項を設けています。これらの規定はいずれも、破産債権者が相殺に対して正当な期待を有しているとはいえず、相殺を許容することが破産債権者の平等の理念に反すると考えられる場合について相殺を禁止したものです。

　また、旧破産法の下においても、相殺の禁止の規定は存在しておりました。旧破産法は、支払の停止または破産の申立てを基準として、それ以後の一定の相殺を禁止する規定を定めていましたが、新破産法は、相殺禁止の範囲を拡張し、一定の要件のもとに支払不能を基準とした相殺禁止が認められるようになりました。

　先ほどの山本先生のご講演で整理されておられましたとおり、支払不能と支払停止の時系列的な位置づけとしては、一般に債務者は客観的な支払不能状態となったのちに、外部表明としての支払停止がおき、開始申立、開始決定といった過程を経て法的手続が開始されることになります。新破産法が支払不能を基準とした相殺禁止を定めることによって破産手続開始等の法的手続開始からさかのぼって、相殺が禁止される期間が延長され、相殺禁止の範囲が拡大されたということになります。

　本日検討する目的要件は、この新破産法により導入された支払不能を基準とした相殺禁止に関する要件ということになります。先ほどの山本先生のご報告では「実質的債権者平等が求められる時的基準としての「支払不能」」と指摘されておられました。

1―講演録において引用する文献等の出典はレジュメの脚注を参照願います。講演においてのみ引用している文献等のみ、講演録の脚注で出典元等を脚注に記載しております。

2 破産法第71条1項2号前段の要旨

新破産法の条文として法第71条1項2号前段が、支払不能後に破産債権者が債務を負担した場合において、相殺が禁止される場合の要件を定めております。以後、本講演では、第71条1項2号前段のことを、単に「前段」と申し上げます。

条文の該当部分の要旨を読み上げます。

※破産債権者は、次に掲げる場合には、相殺をすることができない。

支払不能になった後に契約によって負担する債務を専ら破産債権をもってする相殺に供する目的で破産者の財産の処分を内容とする契約を破産者との間で締結し（略）、破産者に対して債務を負担した場合であって、当該契約の締結の当時、支払不能であったことを知っていたとき。

まず、こちらの条文の問題点として、こうやって読むだけでも、複数の要件が存在していることがわかりますし、日本語としてもわかりづらい、一読しただけでは内容を把握するのが難しい難解な条文であるという点が挙げられます。

3 破産法第71条1項2号前段の趣旨

次に、破産法第71条1項2号前段の趣旨を確認しておきたいと思います。

まず、繰り返しになりますが、この前段は、債務者の支払不能後において、破産債権者が債務者の財産の処分を内容とする契約によって新たに債務を負担した場合において相殺を禁止するものです。

この点、支払不能後において、債務者が特定の債権者に対する既存債権について偏頗的に弁済したり、金銭で返済する代わりに在庫商品を引き渡して代物弁済をしたり、不動産に担保権を設定したりする行為は、債権者平等に反する偏頗行為として破産管財人の否認権行使の対象となります（破産法162条1項1号イ）。

一方で、債務者が支払不能後、その資産を特定の破産債権者に譲渡し、その代金が債務者に実際には支払われず、破産債権者の既存の破産債権と相殺された場合、実質的には債務者の資産の引き渡しにより債権を弁済する代物弁済と変わりがありません。しかしながら、判例上、破産債権者が代金支払債務を既

存債権と相殺したとしても、相殺は破産債権者による一方的意思表示であり、債務者の行為ではないため、債務者の行為を否認する否認権行使の対象とはならないと解されています。

　そこで、破産法は、支払不能後において新たな債務負担をすることによる相殺が偏頗行為の否認を潜脱する手段として用いられかねないことから、これを破産法71条1項2号により、禁止することとしました。

　このように、破産法71条1項2号の相殺禁止の規定は、偏頗行為否認の潜脱を防ぐために設けられた制度ではありますが、破産管財人の主張立証の難易度が、偏頗行為否認の場合と比べ、いろいろな意味で、かなり上げられており、破産管財人にとっては偏頗行為否認の行使よりも、より困難といえます。

4　破産法第71条1項2号前段の主張立証が困難であること

　具体的にどういうことかと申しますとまず、支払不能の主張立証が求められている点です。

　前段は、客観的要件として「支払不能になった後に契約によって負担する債務」であったこと、主観的要件として破産債権者が「当該契約の締結の当時、支払不能であったことを知っていたとき。」の双方について相殺禁止を主張する破産管財人が主張立証責任を負うと解されています。

　主張立証が難しいとされる支払不能について、客観的要件に加え、主観的要件の主張立証責任を負うことになりますので、かなり、破産管財人においては荷が重い規定です。

　また、偏頗行為否認の場合、一定の場合、債権者の支払不能の悪意を推定する規定が準備されていますが、相殺禁止の場合、そのような悪意の推定規定がありません。

　次に目的要件の主張立証です。

　前段の要件事実の主張立証は、支払不能に関して、以上のように破産管財人において、容易ならざるものがあるわけですが、さらに、「契約によって負担する債務を専ら破産債権をもってする相殺に供する目的」（以下「目的要件」という。）といった、専ら契約締結の目的が何かという、一見して破産債権者が

弁解しやすい、争いやすいように思われる要件が定められています。

　このような目的要件は偏頗行為否認の場合には定められていませんので、破産管財人としては、相殺禁止の主張をすることについて、偏頗行為否認を主張するよりも慎重にならざるを得ません。

5　破産法第71条1項2号前段をめぐる新破産法制定時の議論

⑴　目的要件が定められた背景

　レジュメの3頁（本書119頁）を御覧ください。

　この目的要件が定められた背景として、新破産法制定時の経緯を説明した書籍等によりますと「支払不能かどうかは、客観的な、大げさに言うと、神のみぞ知る状態であって、にもかかわらず平常の取引がずっと続いている。そうであれば、そういった取引を保護してほしいというのが金融機関側の基本的な発想でした」といったような見解が紹介されているように相殺禁止の要件事実において、支払不能という不明確な基準が持ち込まれたことに対する金融機関の強い懸念があったように思われます。

　例えば、「新法は、支払停止前であっても、債務者が支払不能に陥っている場合には、一定の範囲で相殺が禁止される旨を定めた。他方で、相殺に対する合理的な期待は保護しなければならないという要請と、相殺禁止の範囲を広くすることは取引の安定を害する結果をもたらすおそれがあることから、その調和をどのあたりにおくかが今回の改正で最も検討されたところである。その苦心のあらわれが新法71条1項2号の「専ら」であり、72条2項4号の新設である。」と指摘されています。

⑵　目的要件の趣旨に関する一問一答の説明

　この点、新破産法における条項の制定の趣旨については、法務省の立法担当者が執筆された一問一答が参照されることが多く、一問一答の説明が、その後に出版される破産法に関する解説書等にもほぼそのまま引用されることもあり、非常に影響力の強いものです。

　目的要件の趣旨について、一問一答においては以下のように説明しております。

　「現在の金融実務においては、債務者が行う取引において生ずるキャッシュ・フローを重視した信用取引が行われていると言われており、特に多数の取引が継続的に行われているような場合には、キャッシュフローの分析によって、債権の取得または債務の負担について特定性がない場合であっても、相殺に対する合理的期待を認めるべき場合があり得ると考えられます。すなわち、継続的に取引を行う当事者間においては、将来も従前どおりの取引関係が継続されるであろうことを予期し、将来自己が負担するであろう債務をいわば担保として個々の取引を継続するということが行われている場合が多いと考えられますので、いつ、誰から銀行口座に振り込みがあるかは具体的に特定できないが、一定額以上の振込があることが確実であるといった場合には、相殺に対する合理的期待があると考えることができます。このため、破産債権者が支払不能後に新たに債務を負担した場合を一律に相殺禁止の対象とすると、このような継続的取引に対する萎縮的効果が生じるおそれがあるとの指摘がされています。」

　さて、このように一問一答に「現在の金融実務においては、債務者が行う取引において生ずるキャッシュ・フローを重視した信用取引が行われている」「キャッシュフローの分析によって、債権の取得または債務の負担について特定性がない場合であっても、相殺に対する合理的期待を認めるべき場合があり得る」と言われると、平成16年当時、我が国で行われていた高度で難解な信用取引の手法の存在を前提とした議論が繰り広げられているような印象を受けないでしょうか。

　私は、これまで、破産法71条1項2号前段が争点となる訴訟も提起するなど、この部分の解説は何度も読んできてはいるのですが、具体的に何を言っているのか、実は、よくわかっていませんでした。今回、講演の準備にあたり、破産法制定時の相殺禁止に関する議論をたどっていきますと、ここで解説されている「キャッシュ・フローを重視した信用取引」というのは、どうやら「融資先の事業活動により預金口座の入出金が繰り返し行われる中で、将来生じる預金債権」[2]、すなわち、当座預金や、普通預金からの相殺を期待した融資のことを指しているようであることがわかりました[3]。

2―永谷典雄編著『破産実務の基礎』商事法務247頁（佐野尚也判事）。

　この点は、この後も、繰り返し、新破産法制定時の議論を紹介して参りますので、目的要件制定の焦点が当座預金残高の相殺を如何に保護するかであったことをご理解いただけるかと存じます。また、一問一答の上記説明の読み方によっては、一定の類型の信用取引により生じた既存債権は、常に支払不能後において債務者に生じるキャッシュフローとの相殺について合理的期待が認められると誤解されそうですが、目的要件により保護される相殺の合理的期待は、既存債権の契約内容や、性質、既存債権の契約締結時の動機等により導かれるものではなく、支払不能後においても継続された取引に関し、保護すべきものがあることを根拠としていることを明らかにしたいと考えております。

　次に目的要件制定の影響についてです。
　以上のように「目的要件」は、支払不能後においても入出金が行われることがある当座預金等の預金残高を引当にする金融機関による相殺を保護することを一つの目的として導入されたわけですが、条文にはそのようなことは書いておらず破産債権者の支払不能後の債務負担一般に適用されることになります。そのような中で問題なのは、目的要件による相殺権の保護を確実なものとするあまり「専ら破産債権をもってする相殺に供する目的」という、相殺禁止の範囲を著しく狭く限定するような表現で条文を定めてしまった点です。
　過去において債務者と破産債権者が行った契約の締結に関し破産債権者が

3―例えば「金融取引においてはキャッシュフローを重視した信用取引が行われていることも多く、すなわち、銀行取引であれば決済に利用される口座・資金が凍結・相殺されてしまうと、債務者は不可避的に支払停止状態になるが、実際には一定額以上の入出金が継続的に存在することを前提に、第三者からの振込資金の預金口座への入金、定期・通知・普通・当座といった預金間での振替え、取立委任を受けていた手形代り金（71条2項2号にいう「前に生じた原因」に基づく場合として相殺可能であった債務）の解放と同時並行して行われる同額程度の手形金取立ての依頼（いわゆる代金取立手形留保）といった「（債務者）の財産の処分を内容とする契約」を締結して、債務を負担する取引をぎりぎりまで許容して可及破綻を回避する運用がなされてきた。ところが、支払不能というあいまいな基準で相殺禁止時期が画されることになると、こういった取引が萎縮し、結局相殺相殺時期と企業の破綻を早めてしまう懸念が高い。そこで、これに配慮して設けられた相殺禁止の緩和基準が「専ら」要件である」別冊 NBL97号新破産法の実務 Q&A 第二編「新破産法・整備法の論点　Q&A」200頁三上徹三井住友銀行法務グループ長（当時）といった解説がなされている。ところで、相殺の引き当てとなる金員を払い戻す条件として、金員の払い戻しと引き換えに将来の相殺に備えて債務者から新たな手形を受け取る行為は、債務者に自由な預金払戻しを認めず、預金の払い戻しに事実上の制限をかけた上での取り扱いなのであるとすれば、目的要件を満たしてしまうこともあるのではないかとも思われる。この点は裁判例2を参照。

「専ら破産債権をもってする相殺に供する目的」であったことについて、破産管財人が主張立証責任を負うことになり、しかも債務者と破産債権者が徹底的に争ってくることが当然に想定されるということになると、破産管財人としても、相殺禁止の主張を前提とした法的請求を躊躇せざるを得ない場面も増え、このような条文の定め方は、一方で、破産管財人による適切な権利行使に萎縮的効果を与えていると言えます。

　目的要件による相殺権の保護を確実なものとするあまり「専ら破産債権をもってする相殺に供する目的」という、相殺禁止の範囲を著しく狭く限定するような表現で条文を定めてしまったことについての懸念は新破産法制定時から存在していました。例えば以下のような見解があります。

・「専ら」の解釈問題・事実認定問題が今後実務上争点となるであろう。支払不能基準をとったことによる金融機関等の危惧を回避するために、当初は「通常取引で負担した債務を除く」との案もあったが、それでは広すぎるということで、目的要件で絞ることになった。目的要件の表現についても議論があったが、妥協の産物が「専ら」である。将来の相殺目的のための「拘束預金契約」などはその典型であろう。

　この目的要件があるゆえに、相殺の禁止規定が実際には機能しないということになりますと、破産法第71条1項2号前段の趣旨である「実質的な代物弁済を図ることを許さない趣旨」[4]が達成できないことになります。

　これに対して、倒産法の研究者や実務家、裁判例等においては、解釈論でこの点を克服し、破産法第71条1項2号前段の趣旨を機能させる試みがなされております。

　レジュメ4頁（本書121頁）、「5　破産法第71条1項2号前段をめぐる解釈論」を御覧ください。

(1) 解釈の方向性として

　松下淳一教授は「法71条1項2号でされた相殺禁止の範囲の限定については、

4―永谷典雄編著『破産実務の基礎』商事法務247頁（佐野尚也判事）。

主として金融実務上の懸念から加えられたものではありますが、相殺禁止の対応物である偏頗行為否認にはこのような制限はないので、『専ら』云々をどう考えるかは、1つの問題なのだろうと思います。これを夾雑物として考えて、限定を狭く解する、即ち『専ら』を広く解して、相殺禁止の範囲を広げるという考え方と、逆に偏頗行為否認についても解釈論で同様の考慮を通用させるという考え方と、2通りの方向があるのだろうと思います。」と指摘されています。

　この点、私は、この講演の報告を準備するにあたり、コメンテーターの先生方と事前準備のための議論をしているうちに、この2通りの方向について、どちらか1方向に進まなければいけないというわけではなく、2通りの方向、両方に進んでしまってもいいのではないかと思うようにもなりました。

　それはさておき、まず、「専ら」を広く解して、相殺禁止の範囲を広げる考え方として以下のような見解がございます。

⑵「専ら」についての解釈論

　すなわち、例えば「『もっぱら……目的とする』という要件を厳格に解すると、本条1項2号前段の相殺禁止は全くの空文に帰してしまうから、妥当ではない。というのも、「財産を処分する契約」に財産を処分するという目的があるのは当然であるから、「財産を処分する契約」には「相殺に供する」という目的以外の目的が常に存在することになるからである。したがって、『もっぱら』という要件は、このように厳格に解すべきではなく、行為の前後の事情に鑑みて、偏頗行為の否認を潜脱するものと認められるかどうか、という観点から決すべきである。このように『もっぱら……目的とする。』要件には、相当の解釈の幅が残されている。」ですとか、「『専ら』を文字どおり読むと、財産処分契約の相手方は常に財産取得の目的もあるからこの条文が空文に帰することになりかねないので、債権回収を主要な目的としている場合と解すべきであろう。」といった解説です。

　すなわち、要件事実の解釈として、条文の「専ら」という文言を、厳格に解すべきではないとか[5]、文字どおり読むべきではないといった見解が述べられているわけです。

　本講演会の重要な課題として指摘されている「主張立証責任対象事実の決定基準」という観点からみても、要件事実の解釈論として条文の「文字」にとらわれるべきではないとか、「夾雑物」（きょうざつぶつ）であるといった議論は興味深いところではないでしょうか。

(3) 客観的な事実関係から目的を認定するアプローチ

　次にレジュメの５頁（本書122頁）を御覧ください。「(3)客観的な事実関係から目的を認定するアプローチ」として目的要件認定の解釈論においては、目的要件における目的を客観的事実関係により認定することが議論されております[6]。

①　まず「主観的意図として、直接立証するのはおそらく困難でしょうから、裁判官としては、取引の経緯とか、取引の態様等を見て、客観的に『専ら』性を判断していくことになると思うのです。」といった見解があります。

　主観的意図を立証対象とする前提ですが、目的要件の認定については客観的事実関係を検討して判断すべきと説明されています。

　同様に、「単一の要素でこの『専ら』を認定することは難しくて、種々の客観的な要素から積み上げて認定してくことになるのだと思います。支払不能を認識しながら、破産者となるべき債務者から急にたくさん物を買う場合であっても、製造業者が急に大量の生産の必要が生じたからこそ原材料を買うような場合であれば、『専ら』相殺目的には当たらないということになるでしょうし、その種の事情の軽重をつけながら認定していく要件であると思います。」といった説明がなされております。

5―全国倒産処理弁護士ネットワーク編『注釈破産法（上）』きんざい494頁（小畑英一弁護士）も同旨。
6―目的要件の認定手法に関しては、会社法210条２号の不公正発行の要件（規範的要件であるとされる）の該当性判断における「主要目的ルール」の認定に関する東京地裁民事第８部判事らによる以下の解説も参考になる。「新株発行等の主要な目的が何であるかは、最終的には内心の問題であり、外部からは容易に認定し得ないものであるため、裁判手続においては、むしろ外形的な事実から客観的に認定せざるを得ないものと解される。」（笹本哲朗判事ほか「新・類型別会社訴訟7　新株発行等差止請求をめぐる諸問題」判例タイムズ1505号22頁）。

② 一問一答（117頁）においても、「（ア）当該契約と相殺の意思表示との間に時間的な接着性が認められるかどうか、（イ）時間的な接着性が認められない場合には、破産債権者において、相殺権の行使を確実なものとするための措置を講じていたどうか等の事情が重要な間接事実となると考えられます。」と解説されており、客観的な事実関係が間接事実として重視されています。また、永谷典雄ほか編「破産・民事再生の実務（第4版）破産編」きんざい340頁は、これらに加えて、「財産処分行為が通常取引と乖離する程度等が重要な間接事実となろう。」と指摘しております。

　同様に「契約と相殺との時間的な接着性や預金拘束の有無・程度等の間接事実から推認することになろう。」、「『専ら』とは、他に目的がないという場合だけではなく、『行為の前後の諸事情に鑑みて、偏頗行為否認を潜脱するものと認められるかどうか。』という観点から決すべきであり、判断基準を客観化する意味でも相当である。」というように、契約締結行為の前後の諸事情等の客観的事実関係に基づき認定すべきである旨の見解が多数述べられています。

③ さらに「例えば、日常的業務の範囲外の取引については当該取引が破産回避または事業の継続に必要でない以上は、債権の回収目的で行われたものと解してよい。また、破産回避などに寄与する場合であっても、契約から相殺までの時間の間隔が比較的短い場合には、その寄与度との相関関係から、専ら債権回収目的であると認定しうる場合があろう。」とか、「不動産の売買契約のように、債務負担の原因となる財産処分契約の内容自体には、経済的合理性があるようにみえても、その代金を現実に支払うのではなく、破産債権等との相殺によって決済することが予定されていたものとみなされる場合には、専相殺供用目的の存在を肯定すべきである。」といったような目的要件を客観的要件に近い解釈をしているように思われる見解もあります。

　こういった解釈を前提とすれば、破産債権者が目的要件について、そのような目的は有していなかったと否認しても、破産管財人においても目的要件の主張立証に関し、比較的確認が可能な、客観的事実関係を特定し、立証すればよいということになりますから、程度問題とは言え、比較的、見通しの立ちやすい目的要件についての主張立証に関する考え方ではないかと考えます。

⑷ 目的要件、「専ら」規定は必要か？

　それでは次に、レジュメ 6 頁（本書123頁）、「⑷目的要件、「専ら」規定は必要か？」について、考えてみたいと思います。

　まず、前置きといたしまして、前段は、既存債権を有する破産債権者に過ぎない者が支払不能後に新たに負担した債務との相殺を禁止するものですが、これは債権者平等の原則の観点からいえば、当然のことであって、仮にこのような相殺を認めたとしても、破産債権者が債務者の事業や財務にとって有益な行為をするとは限らず、破産債権者の偏頗的な回収が横行する結果となるだけであって、目的要件を設ける必要はないといった議論もあるかと存じます。

　レジュメの 6 頁（本書123頁）をご覧ください。この点、一問一答の著者も「相殺が禁止される場合の要件としては、確かに支払不能の認識を要求していますから、本当はその要件がある以上、支払不能を認識し、つまり、債権の実価が低下しているのを認識しているわけですから、その上で明示的に契約をしているとすれば、問題があるのは間違いないのだろうと思うのです。」と説明しています。

　山本和彦教授も「71条１項２号の前の方の『専ら破産債権をもってする相殺に供する目的』というところが最大の問題で、これが理論的にどのように説明できるのか、今の時点では明確な理論的説明はなかなか難しいところだと思います。ただ、ことさらに担保化した場合だけを禁止する趣旨だとしても、理論的に見れば『専ら』まである必要があるかどうかと、これは法制審議会でも議論になったところです。相殺目的であれば許されないというような制度にすることは理論的には十分考えられたのではないかと思いますが、あえて悪質なといいますか、専らそういう目的にしたという場合だけを規制することにしました。これは倒産時期の前倒しのおそれなども勘案した政策的判断であっただろうと思います。」と説明しています。

　また、山本克己教授は相殺禁止に関する規定について、「既存の破産債権についてのリスク軽減が生じているという点で、担保の供与と類する状況があるということが根拠になろうかと思います。したがって偏頗否認とできるだけパラレルな関係で立法されるのが望ましい。そういう意味で、「専ら」要件が付いたことは、ある面で理論的には非常に残念なことであったかと思います。」

と指摘しています。

(5) 設例1に基づく検討

　それでは、目的要件の必要性について、別紙の設例1を用いて検討してみたいと思います。時間の関係で別紙の設例1（本書130頁）の事案の説明は省略いたします。

　設例に基づく事例で目的要件が存在しないと仮定した場合、破産管財人は相殺を争い、当座預金残高3,000万円の払い戻しを請求することを検討できます。また、各2,000万円の一部弁済と担保提供は偏頗行為否認として別途否認権行使の対象となります。果たして、このような場合、当座預金の3,000万円の相殺を認めるべきでしょうか、禁止すべきでしょうか。

　支払不能後における当座預金への入金等に関して金融機関による当座預金の相殺が禁止され否定される結論となるときは、設例の事案においていえば、金融機関は、2月末日の段階で直ちに当座預金を凍結するのが合理的だといえます。しかしながら、そのようなことになったときの弊害が懸念されています。

　例えば、参考となる見解として「支払不能から支払停止間に生じる継続する平常取引における保護」「この間生じる債務にもいろいろあって、」「窓口や預金を預入するのも契約、期日の来る手形も銀行に入金して取り立てなければいけない。会社が窓口に来て預けたものも、それも契約だというようになると、危機を感じたら、もともと通常のインフラとなる取引自体までおかしくしてしまいかねません。」といった懸念や「基本的には、銀行も債務者の首を絞めるようなことはしたくありませんが、支払不能という曖昧な時点で相殺禁止にすると、決済口座が早期に止ってしまうかも知れません。そうすると、生き延びられたかも知れない企業も倒産してしまいます。それでは銀行の方でも相殺するのに勇気がいりますし、こういうことは是非避けたい」といった懸念が述べられています。

　このような場合、金融機関として一番困るであろうと想定されるのは、上記においても指摘されているように支払不能状態という一義的に判断つきかねる事由を自己責任で即座に判断して、当座預金口座を凍結し、債務者の事業を破綻させるリスクをとれるかといったことだと思います。

　この点、仮に支払不能状態の評価を誤って事業会社を破綻させた場合、金融機関が激しく非難されるであろうことは想像に難くありません。また、仮に、金融機関による支払不能の判断が正解だったと裁判所が事後的に判断したとしても、そのような判断が出るまでの間リスクを負担することになるほか、凍結直後においては、関係者からの厳しい反応への対処を迫られることも十分に考えられます。

　さきほどの山本先生のご報告でも相殺禁止の危機時期に関する支払不能の要件充足性の判断は、「手続開始決定前の一定の時期における財産状態について回顧的・評価的に判断」されると指摘されていました。この点、リアルタイムで債務者と取引をしている破産債権者としては、債務者をとりまく諸事情、しかも刻々と変化する諸事情をある程度把握していたとしても、それが何を意味するのか、将来、裁判所がどのような評価をするか、適確な予測をして、ある時点の債務者が支払不能状態と評価されうるのかを判断をすることは必ずしも容易ではありません。

　また、例えば、別紙1の設例について、私は2月末日の時点で客観的に支払不能状態である前提で設例を設定をしたわけなのですが、木村先生は、2月末日の時点で当然には支払不能とは言えるかどうか検討を要する旨の意見をお持ちだと聞いております。このように事例を回顧的に評価する弁護士同士でも考えが異なる部分があります。さらにいえば、設例の事案が実際に裁判になった場合、被告は2月末日の支払不能状態を争うであろうと想定されます。簡単に支払不能状態を認めるとは思えません。そうなった場合、はたして受訴裁判所が2月末日の時点の支払不能を認定するのかどうか、設例を作成した私においても確信があるわけではありません。訴訟提起についてはある程度リスクを織り込んだ上で破産管財人として支払不能と主張すべきと判断して方針を決定しうると思いますが、判決となると細かい事実関係のディテールが勝敗を分けることもありえますし、証人尋問次第となるのかもしれません。担当する裁判官の考え方等によっても結論が左右されることも想定しなければなりません。すくなくとも現状の裁判実務においては、判決において支払不能の認定がなされるかどうか簡単に予測できるものではありません。

　そこで、例えば金融機関において、支払不能の判断を保守的に単純化し、債

務者が債務不履行となったときは、機械的に当座預金を凍結するといった運用
も考えられなくもないと思われます。しかし、そのような機械的な運用をとっ
た場合は、金融の柔軟性が失われ、倒産件数が無用に激増することになりかね
ません。たとえば、コロナ渦における緊急事態宣言時のように、金融機関にも
貸付金の回収に関して社会一般から柔軟な姿勢が求められる場合もありうるこ
とを考えると、機械的な運用は困難であり、妥当でもないことは理解できます。

(6) 支払不能後の継続的取引の保護

　それではレジュメ 7 頁（本書125頁）、「(6)支払不能後の継続的取引の保護」
に参ります。
①　事案によっては、客観的に支払不能となったときから破産手続が開始する
までの間、長期間が経過する事案、その間、債務者が事業継続する事案も、な
くはありません。
　また、支払不能状態となった債務者が、事業継続を続けているうちに支払不
能状態を脱することもないとは言えません。
　このような場合、破産債権者において、債務者が支払不能状態であることを
知りつつ債務者との間で売掛取引、買掛取引を継続し、代金の一部を相殺で決
済し続けていた場合はどうでしょうか。
　このような、継続的取引の積み重ねを過去に遡って否定してゆくことは不合
理であるように思われますし、このような場合における破産債権者の相殺への
合理的期待を認めるべきであるように思われます。そうなりますと目的要件
は、支払不能後においても債務者と継続的取引を行っていた債権者が有する相
殺への合理的期待を保護するための要件といえるのではないでしょうか。

②　また、目的要件を、以上のように解釈すると、目的要件は債務者が支払不
能状態となった時点で存在した既存債権、債権者平等の原則により偏頗的な回
収が制限されるはずの実価が低下している既存債権について、その後に生じる
債務負担との相殺について無限定に債権回収のための合理的期待を認める趣旨
の要件ではなく、債務者の外部から知ることが難しく、判断も困難な支払不能
状態後において債務者と通常取引を続けた破産債権者を保護するための制度と

理解することが相当なのではないかと考えます。

　すなわち、破産債権者が与信の段階で有する債務者との預金取引等から相殺により債権回収が図れるといった期待の保護は、債務者が支払不能状態に達したときの預金残高等を限度として相殺を認めればたり、債権者平等原則が適用されることになる支払不能後に新たに負担した債務との相殺を保護する必要があるとは言えません。そうではなく、目的要件は、支払不能後であっても、債務者との通常取引に応じた破産債権者を保護するための制度と解するべきです。

③　一方で、単なる支払不能の悪意にとどまらず、既存債権に関し偏頗的な回収を実現するために行われた債務負担行為については、当然ながら債権者平等原則を侵害するものであるうえ、破産債権者を保護する必要性もないことから、相殺を禁止すべきものです。

　従って、支払不能後に支払不能について悪意である破産債権者が既存債権回収目的で通常取引の範囲外で債務負担行為をしたときは「専ら」破産債権をもってする相殺に供する目的があり、相殺を禁止する合理性があると言えます。

　このように「専ら」要件を解釈することにより、（ア）外形上は同じ契約内容であっても、相殺禁止の対象外となる場合と、相殺禁止の対象となる場合がありうること、（イ）「二人が互いに同種の目的を有する債務を負担する場合」（民法505条1項）となる場合に常に成立しかねない「破産債権をもってする相殺に供する目的」の要件に加え、「専ら」要件が必要となることを合理的に説明することができます。

　すなわち、支払不能後において、債務者と通常取引を行っていた債権者が結果的に支払不能後の債務負担行為により、既存債権の回収を実現したに過ぎないと評価できる場合は、結果論で、相殺を禁止するべきではないといえますので、このような場合は、たとえ破産債権者が通常取引の債務の決済の一部または全部について破産債権との相殺による回収を想定していたとしても、通常取引内の契約締結行為によるものですから「専ら」要件を欠くとして、債権回収のための合理的期待を認めるべきです。

④　一方で、通常取引の外観を有していても、行為の前後の諸事情から偏頗行

　為否認を潜脱するものと認められるときは、通常取引外の契約締結行為による既存債権回収目的が認定し得る場合があり得ますから、このような場合は、相殺が禁止されるべきです。

　たとえば、一般に、預金取引は専ら要件を欠き、相殺禁止の対象外と解されますが、そのような預金取引であっても、金融機関が払戻等を制限して、拘束性を強めたときは、専ら要件を充足し、相殺禁止の対象とすべきであるという見解があります。

　なお、このように、金融機関が既存債権保全のため払戻等を制限しているような場合は、すでに「基本的には、銀行も債務者の首を絞めるようなことはしたくありません」といった金融機関において債権保全の判断に迷う段階ではなく、金融機関が、債務者の事業継続よりも、債権回収を優先している段階であり、金融機関の預金取引継続の判断の難しさといったことにも配慮する必要はないと言え、相殺禁止の対象とすることが妥当です。

　また、既に債務者の資金が拘束されている以上、以後の相殺の禁止により債務者の倒産が早まることを懸念する必要もなく、むしろ、そのような事態となった場合は早期に公平な清算を担保する法的手続が開始されるべきであると言えます。

　したがって、金融機関が、債務者との通常取引の範囲を離れ、既存債権保全のための預金拘束を開始した後は、外部からの「判断が困難な支払不能状態後において債務者と通常取引を続けた破産債権者を保護するための制度」である目的要件の対象とする要保護性に欠けているといえます。

　レジュメ9頁（本書127頁）です。

⑤　以上のように、「専ら破産債権をもってする相殺に供する目的」における「専ら」を目的要件の趣旨にそって合理的に解釈すべきではないでしょうか。

　「『専ら』を文字どおり読むと、財産処分契約の相手方は常に財産取得の目的もあるからこの条文が空文に帰することになりかねない」との指摘があるように、ここでいう「専ら」を契約締結にあたって他の目的が一切併存してはならない趣旨の要件と解釈することが不合理であることは明らかです。

　そこで、「専ら」を支払不能後も通常取引を継続した債権者を保護する趣旨

の要件と解釈し、以下のように破産法71条1項2号前段を補充して解釈すべきと考えます。

　破産債権者において破産者が「支払不能になった後に契約によって負担する債務を『（通常取引の目的でなく）専ら』『破産債権をもってする相殺に供する目的』で破産者の財産の処分を内容とする契約を破産者との間で締結」した場合と理解しては如何でしょうか。

　すなわち「専ら」という言葉を、支払不能後において継続された通常取引における相殺の期待を保護する趣旨であることを明らかにし、通常取引の目的を有していない既存債権回収目的の相殺を禁止する趣旨の要件と解すべきではないでしょうか。

⑥　この点、松下淳一教授は、支払不能後の債務負担の場合の相殺禁止について「総じていえば、通常取引から発生する債務である限りはその負担が支払不能後であっても相殺を認める、これに対して通常取引を超えて債権回収のために債務を発生させた場合には相殺は禁止される、ということである。」と説明されています。

　私は、ここでいう「通常取引を超えて債権回収のために債務を発生させた場合」が、破産法71条1項2号前段の条文に反映された部分が、「専ら」の部分であると解釈すべきであると考えます。

(7) 法制審議会における議論

　次にレジュメの10頁（本書128頁）、「(7)法制審議会における議論」を確認しておきたいと思います。

　目的要件の解釈に関して、新破産法制定時において、「平常行われる取引」に基づく債務を相殺禁止の対象外とする案が検討されたものの、平常取引該当性の判定に困難を伴う等の意見があり、採用されなかった経緯があることを考慮すべきと指摘されることがあります。

　もっとも、法制審議会の議事録 や、添付資料 をみると、このとき法制審議会で議論されていたのは、別紙2記載の本案と別案であったことに留意する必要があります。

　別紙2（本書132頁）を御覧ください。別紙2の1(1)①の本案は法制審議会で議論されたものの、新破産法の条文として採用されなかった条項案です。

　こちらの本案は「平常行われる取引」を客観的要件として相殺禁止の対象を決するという規定であり、支払不能の悪意以外に主観的要件を定めない案でした。そうなると、例えば、金融機関が支払不能について悪意であった場合、入金された預金に関して相殺が禁止されるかどうかは、客観的に「平常行われる取引」であったか否かによるということになります。

　しかしながら、預金入金については、銀行側が全く関与しないで預金が入金され消費寄託契約が成立する場合が通常なわけです。例えば後述する裁判例1のようなケースの場合、金融機関は全く入金に関与していませんが、客観的には平常行われる取引とは言い難い取引であったため、仮にこちらの本案が採用されていたときは、金融機関としては相殺が禁止されるリスクが格段に高まっていたと言えます。

　しかし、外部の第三者である金融機関からすれば、破産者が支払不能状態なのかどうか、さらに、自分自身が破産者の支払不能について悪意といえるのかどうか必ずしも判断が容易でない上、入金された預金が「平常行われる取引」によるものなのかどうか、事後的、客観的に判断され、相殺禁止の可否が決せられるということになると、入金された預金についての相殺の可否に関する判断が極めて困難となります。従いまして、本案が反対を受けたという経緯も理解できます。

　このように、法制審議会で異論があり、採用されなかった本案は相殺禁止の範囲を「平常行われる取引」を主観的要件ではなく客観的に判定するといったものであって、「平常行われる取引」かどうかによって、相殺禁止の範囲を画すべきという考え方が全て否定されていたものではありません。

　たとえば、法制審議会において金融機関の委員より、新破産法の条文として実際に採用された別案に関して「継続平常な取引は除外事由になるという旨がストレートにあらわれてこないという、欲が深いと言われるとそういうことなんですが、解釈によりましては相殺の合理的な期待が侵害されるおそれはないのか、そういう疑問を感じます。何かそういう点に規定上もう少し手当てとか、あるいはそういうおそれというか、そういう平常な活動についてはもともと立

法趣旨に含まれないのだというような解釈の基準といいますか、具体的事例によってそういうものを少し確立していくといいましょうか、そんなようなことが必要なのかなというところであります。」という意見が述べられています[7]。すなわち、法制審議会においても、平常取引は相殺禁止の対象から除外すべきであるという考え方自体に疑義が述べられていたわけではないことに留意する必要があります。

　したがいまして、主観面を要件とせず客観的に支払不能後の債務負担行為が平常取引でなければ相殺禁止の対象となるという議論であれば法制審議会で採用されなかった考え方であるということは明らかですが、破産債権者に関する主観的要件である目的要件の解釈において「通常取引を行う目的ではなく、既存債権回収の目的が認められる場合」に限定する要件と解釈することは、法制審議会における議論と何ら抵触するものではないと考えております。

　なお、私は、支払不能後の預金入金に関しまして、金融機関が当該入金に関与していなくても、相殺禁止を認めるべき場合があると考えています。すなわち、金融機関が預金入金の際、すなわち個別の消費寄託契約締結時に継続平常な取引を行う目的であったか、それとも、入金された預金を既存債権の相殺のために受け入れる目的であったのかを検討し、後者の場合は、目的要件該当性を認定し、相殺を禁止すべきであると考えております。この点は、裁判例の検討時に改めて申し上げたいと思います。

第2　目的要件の解釈、認定に関する裁判例

1　破産法、民事再生法、会社更生法における目的要件

　それでは、目的要件が実際に裁判例において、どのように解釈され、認定されているか、裁判例を検討して参りたいと存じます。

　なお、民事再生法第93条1項2号前段、会社更生法49条1項2号前段の相殺の禁止に関する条項も破産法第71条1項2号前段の条項と同趣旨の条項であり、特に民事再生法に関しては、公開されている裁判例が複数あるため、民事再生法における裁判例も併せて検討いたしました。

7―別紙2「1　法制審議会倒産法部会第32回会議」(平成15年6月27日開催)、議事録参照。

　別紙３（本書134頁）をご覧ください。判例検索システムを利用して、把握し検討の対象とした裁判例は別紙３検討裁判例一覧のとおり７件となります。

２　裁判例１

　まず裁判例１は、民事再生法第93条１項２号前段による相殺禁止が論点となった裁判例です。事案を簡単に紹介しますと、危機時期の債務者が、差押の危機を察知し、これを避けるために破産債権者に開設した口座に15億円の預金を振込送金したところ、破産債権者に即座に相殺されてしまったという事案です。そんなことあるのかなと思いますが、実際にそういった特殊な事案が裁判例第一号事案として発生したわけです。

　債務者は、裁判において、この15億円の送金は、従前行っていた利息の弁済のための送金とは金額において極めて異質であるとか、貸付債権者である破産債権者に対して15億円もの大金を振り込んだ債務者の行為は明らかに経済合理性を欠くものであること等を主張しました。すなわち、債務者による預金の振込入金は通常取引外であると主張したと解することができます。

　この振込は、債務者が勝手に実行したものと認定されているため、そもそも何も知らない破産債権者に関する主観的要件である目的要件が成立しないと裁判所は判断したと解されます。従いまして、この振込が通常取引なのか否か、裁判所の判断は示されていません。

　ところで債務者による15億円の預金契約と相殺の意思表示との時間的な接着性があるかどうかという観点から本件を検討すると、預金入金があった当日中に破産債権者は相殺の意思表示をしているのであって、時間的な接着性が強く認められます。時間的な接着性がある場合に目的要件が認定できるという考え方からすれば、本件でも目的要件を認定できそうです。

　裁判所は、預金入金に関し、破産債権者が債務者に働きかけを行うなどの何らかの関与をしたことをうかがわせる証拠は一切存在しない点を捉えて目的要件が不存在であると認定しております。事案としては、預金入金後に債務者代理人からの民事再生手続申立にともなう保全命令のファックスを受信した破産債権者が、期限の利益の喪失を知り、相殺を通知したという経緯のようですから、裁判所の判断は妥当なのではないかと考えます。

　もっとも、ここからは、頭の体操となりますが、仮に、破産債権者が15億円が送金される前から、破産債権者たる金融機関が預金相殺の保全のため債務者の預金口座からの出金等を制限していた場合はどうなるでしょうか。

　この事案においては、債務者グループの信用不安が広く報道されており、そうであるからこそ、債務者も差し押さえ回避のため預金を移動していたわけです。通常は反対債権をもつ破産債権者の口座に差し押さえ回避のために資金を送金することはないはずですが、間違えて送金してしまったということになります。

　仮に、15億円が入金されることはわかっていなくとも、支払不能について悪意の金融機関債権者が債務者の口座に入金された資金は金額の多寡にかかわらず全て払い戻しや、引き落としを禁じて、全て相殺してしまおうと待ち構えていた場合、目的要件の認定ができないでしょうか。

　私は、金融機関である破産債権者が入金の経緯について事前に認識していたか、事前に関与していたかによって目的要件の存否を認定すべきではなく、入金された預金について、破産債権者が「専ら破産債権をもってする相殺に供する目的」で口座を凍結して拘束したり、即座に相殺したのか、それとも支払不能について悪意であっても、預金を拘束せず、債務者からの預金の払い戻しに応じていたかといった形での関与を評価して認定すべきだと考えます。

　何故なら、金融機関である破産債権者は、債務者からの預金入金の都度、相殺をしようか、しまいか考えて個別に検討した上で、寄託契約を締結して預金の入金を受けているわけではなく、預金口座開設という基本契約に基づき所定の手続きを経て入金された資金は原則として全て預かりの対象となるわけです[8]。

　そうなりますと、個別の預金入金毎に破産債権者の入金に関する認識を問うて目的要件のあるなしを検討しても、あまり意味がなく、破産債権者である金融機関が、基本契約である預金契約に関して、預金に入金されたものを債権回

8―裁判例1の破産債権者は、債務者からの振り込みについては破産債権者は債務者に指示したり、債務者と合意したわけではなく、債務者から事前の連絡もなく、振込元の銀行から為替通知がなされたため、あらかじめ債務者との間で締結していた預金契約に従って自動的・機械的にこれを受け入れたにすぎないのであって、財産処分契約には該当しない旨、主張していた。

収のため相殺しようと決めていたのか、それとも、通常どおり、債務者の事業
資金として自由に使ってもらってよいと決めていたかを間接事実により判断し、
個別の消費寄託契約締結時における目的要件（すなわち破産債権者の認識）を認
定すべきであると考えます。

　したがって、仮に、本件において、破産債権者が、債務者の保証人の倒産等
を理由に既に債務者が期限の利益を喪失していると認定していて債務者名義の
預金口座の凍結を実施していたところに、預金が入金され、そのことを奇貨と
して、破産債権者が即座に相殺の意思表示をしたのであれば、同預金入金の経
緯を破産債権者が知らず、関与していなかったとしても目的要件を認定してよ
いと考えています[-9]。

3　裁判例5

　裁判例5は、目的要件を認定し、相殺禁止と判示した裁判例です。債務負担
と相殺が同時に行われており、債務負担時期と相殺の接着性という意味では完
全に接着しています。

　また、裁判例5は、高裁判決ですが、第一審判決の方が目的要件を分かりや
すく解釈、認定しておりますので、第一審判決の判決文を紹介しますと、破産
法「71条1項2号にいう『専ら』とは、字義どおり他の目的がない場合と解す
べきではなく、行為の前後の諸事情から偏頗行為否認を潜脱するものと認めら
れるかどうかとの観点から判断すべきである。」と目的要件の解釈論を示して
います。判決文における、こちらの解釈論には要件事実における研究の解釈論
の成果が反映しているのではないかと考えます。

4　裁判例7

　裁判例7は、いろいろと検討を要する部分がある判決だと思っております。
①　まず判決文から読み取れる事案の概要を簡単に紹介します。

9―木内道祥監修、全国倒産処理弁護士ネットワーク編『破産実務Q&A 220問』金融財政事情研究
　会282頁（本山正人弁護士）は「本来可能であるはずの普通預金の払い戻しに応じなかったりした
　場合には、相殺に対する合理的期待はなく、これを保護すべき理由はないものとして、専ら相殺に
　供する目的があるものと言えます」と指摘している。

　事業会社である債務者が、経営危機となり、借入をしていた銀行である破産債権者に弁済の猶予を要請したところ、破産債権者は弁済を要望する旨の意向を示したうえで、融資残高を維持する限度で要請に応じることとし、債務者の顧客から普通預金口座に振込入金がされると、その時点で貸金の返済にあてるのではなく、別段預金へと振替える合意をしたとされる事案です。

　この別段預金への振替合意に基づき、債務者名義の普通預金口座に1ヶ月強の期間、入金された債務者の顧客からの売掛金合計9,082万1,979円が、直ちに相殺されることはないものの、別段預金に振り替えられ、その後、半月ほど経過した後、振り替えられた預金全額が相殺されました。

　裁判例は、銀行が融資残高を維持する限度で債務者の要請に応じたと認定しているわけですが、普通に考えると融資残高を維持するということは、既存債権の回収は行わない、弁済猶予するという意味なのだろうと思うのですが、実際には普通預金に入金された債務者の売掛金を別段預金に振り替える合意をしたというのですから、実態としては既存債権の債権回収乃至担保取得が実行されている事案だと私は考えています。

②　さて、本裁判例は破産法71条1項2号に違反するとは言えないとして、破産債権者による相殺を有効と判断しております。

ア　本裁判例が、何を理由に破産法71条1項2号前段の相殺禁止に該当しないと判断したのかは、必ずしも明らかではないのですが、ひとまず、こちらの裁判例における「財産処分契約該当性」、「破産者に対して債務を負担したこと」の要件についての論点や、裁判所の判断を検討してみたいと思います。

イ　まず、本裁判例の事案においては、債務者の売掛先から、債務者名義の普通預金口座に売掛金が入金されています。

　この点、まず論点として、売掛先等の第三者による債務者名義の預金口座への振込が債務者と破産債権者間の財産処分契約の締結といえるのかどうかという論点があります。この点、第三者による債務者の預金口座への振込は債務者の行為が存在しないことから、財産処分契約該当性を否定する見解が一般的と考えられています[-10]。本裁判例においても明示はされていませんが、第三者からの普通預金口座への送金については財産処分契約には該当しないと判断し

ていると解されます。

　しかしながら、私は、債務者の顧客等への売掛債権という財産が、破産債権者である金融機関に対する預金債権という別の債権に債務者の意思で処分されたと解してよいのではないかと考えます。債務者の顧客に対する債権の請求において、支払方法として債務者の預金口座への振込を指定することによって債務者の預金口座に顧客の売掛債権が入金されるのが一般ですから、当該売掛金が預金口座に振り込まれたことを債務者の意思に基づかない処分とは言えないと考えます。

　また、債務者が普通預金口座を開設するときに、自らが現金を普通預金口座に預け入れることのほか、第三者からの入金の窓口となって第三者からの資金が普通預金口座に振り込まれること、振り込まれた資金は債務者が引渡しを受けうることが破産債権者と債務者の預金口座開設における基本契約の内容となっているはずです[11]。

　当該基本契約に基づき、債務者は金融機関に対し第三者が債務者名義の預金口座に振り込んだ資金について預金の払戻請求債権を取得することになるのですから、債権者が、第三者からの預金口座への振込によって契約に基づく債務を債務者に対し負担することになったことも明らかです。

　債務者が発行する請求書の指定によって顧客から預金口座に振込まれる預金債権と、債務者自ら顧客から回収した資金を預け入れる預金債権との間に本質的な違いがあるのでしょうか？形式的な違いをとらえて財産処分契約該当性を否定する必要はないと考えます[12,13,14]。

ウ　次に、本裁判例の事案においては、破産債権者と債務者の合意（本件合

10—新・判例解説 Watch 倒産法 NO72（籠池信宏弁護士）。

11—最判平成8年4月26日（民集50巻5号1267頁）は、「けだし、前記普通預金規定には、振込みがあった場合にはこれを預金口座に受け入れるという趣旨の定めがあるだけで、受取人と銀行との間の普通預金契約の成否を振込依頼人と受取人との間の振込みの原因となる法律関係の有無に懸からせていることをうかがわせる定めは置かれていないし、振込みは、銀行間及び銀行店舗間の送金手続を通して安全、安価、迅速に資金を移動する手段であって、多数かつ多額の資金移動を円滑に処理するため、その仲介に当たる銀行が各資金移動の原因となる法律関係の存否、内容等を関知することなくこれを遂行する仕組みが採られている」と判示している。

12—なお、第三者からの預金送金が財産処分契約にあたるとしても、目的要件を満たさなければ破産法71条1項2号前段による相殺禁止の対象とはならない。

意）により、普通預金口座に入金された売掛金を別段預金に振替えているのですが、このことをどう解釈するのかといった点が問題となりました。

この点は、別紙3「目的要件に関する裁判例の検討」のうち裁判例7の「裁判例7が相殺禁止とならないと判示した理由」の欄を御覧ください。

①の別段預金への振替合意が財産処分契約にあたるかについて、裁判所は「破産債権者による本件振替行為は、本件普通預金口座に係る預金の一部を、本件別段預金という取引条件等が異なる預金として取り扱うこととするものであるところ、破産債権者において破産会社の承諾を得ることなく単独でこれを行うことができると解する根拠は見当たらないから、本件振替行為は破産債権者と破産会社との間でされた本件合意に基づくものであったと認めるのが相当である。そして、本件合意に基づき行われた本件振替行為は、取引条件等を変更することにより、本件普通預金口座に係る預金の拘束性を高めるものといえる。そうすると、本件合意は、取引条件等の変更に関する財産処分契約に当たると解する余地のあるものといえる。」と判示しました。

エ　ところが、裁判所は、本件合意が財産処分契約に該当すると解したとしても「破産者に対して債務を負担したこと』の要件を満たさないとして、相殺禁止に該当しないと判断しました。

おなじく別紙3裁判例7の「裁判例7が相殺禁止とならないと判示した理由」②財産処分契約による債務負担といえるかの部分を御覧ください。

裁判所は、「本件合意は、破産債権者が負担した本件普通預金債務について、その取引条件等を変更して預金の拘束性を高めるものではあるが、このことをもって、顧客からの請負代金の支払としての本件普通預金口座への振込入金という債務の負担原因についてまで変更されたものと解することは困難といわざるを得ない。したがって、本件合意が財産処分契約に該当すると解したとして

13—伊藤眞ほか著『条解破産法（第3版）』弘文堂575頁は「振込入金の場合を、破産者がいったん受領して預金するのと相殺の可否との関係で区別する合理的理由はないことから、破産債権者と破産者との個別の消費寄託契約はないものの、振込依頼は『破産者の財産の処分を内容とする契約』に実質的にはあたるものと考える余地もある」と指摘した上で、注において、この考え方は、財産処分契約を破産者との間で締結する、という条文の文言とは離れるという問題がある一方で、偏頗行為否認について債務者の行為性を厳密には要求しない一般論とは整合的であると説明されている。

14—木内道祥監修、全国倒産処理弁護士ネットワーク編『破産実務Q&A 220問』金融財政事情研究会283頁〜282頁（本山正人弁護士）。

も、本件別段預金は、顧客からの振込入金によって破産債権者が負担した本件普通預金債務の取引条件等が変更されたものにすぎないから、本件合意により債務を負担した場合には当たらないというべきである」と判示しました。

　私は、この判決文を読んでも何をいっているのかよくわからなかったのですが、この裁判例を解説した金融・商事判例1666号28頁によれば「財産処分行為に当たると解する余地があるとしても、『破産者に対して債務を負担したこと』の要件を欠き、破産法71条1項2号には当たらないものとしたものである。」との説明がなされておりました。

　同説明を前提とすれば、債務者と債権者による財産処分契約が締結されても[15]、債務者による債務負担と言えない場合が観念でき、そのときは相殺が禁止されないということになりますが、妥当ではありません。

　債務者と債権者による財産処分契約が締結されているのであれば、同契約によって負担する債務が債権者に発生しているはずです。

　また、破産債権者が相殺をした別段預金契約に基づく債務は別段預金契約によって破産債権者が負担する債務であって[16]、普通預金契約によって破産債権者が負担する債務であるから、財産処分契約によって負担した債務でないと解すべき必要はありません。

　その他にも裁判例7については、いろいろ言いたいことがあるのですが、時間の関係でここまでといたします。こちらの裁判例については、香川県弁護士会の籠池信宏弁護士が、新・判例解説 Watch 倒産法 NO72で大変参考となるご解説を発表されておりますので、ご興味のある方はぜひご覧になってください。

第3　まとめ

　私は、破産管財人、民事再生の監督委員、個人再生委員等、総債権者の代理

15—この点、「本事案では、第三者による振込入金後の預金拘束について債務者の明示の同意が認定されており、そうであれば『財産処分契約』該当性は否定し難いと思料される。」新・判例解説 Watch 倒産法 NO72（籠池信宏弁護士）と指摘されている。

16—裁判例の事例においては別段預金から更に定期預金契約が締結され、定期預金が相殺された部分もあるが、事案を簡略化するため、本講演では別段預金にのみ言及している。

人的立場で倒産事件に関与することが多いものですから、例えば、破産管財人の否認権行使がどのような場合に認められるのか否かといった観点から破産法の解釈等を検討することが多いと言えます。

　そのような立場ではありますが、倒産法の規律として、できるかぎり広く、簡易に破産管財人の否認権行使を認め、相殺についても、幅広く緩やかな要件で禁止すれば、混乱のない公平な清算が実現でき、信用秩序が健全に維持されると考えているわけではありません。

　また、危機時期において債権回収に努める債権者の行為を一概に否定すべきものともいえませんから、健全な経済活動を促進するという観点から、危機時期における否認権行使、相殺禁止の要件事実をどのように設計するのかは、立法者において、幅のある選択肢の中から、社会、経済情勢の状況にも鑑みて、「主張立証責任対象事実」を決定するものであると考えますし、研究者によって解釈され、裁判所において裁判が行われる分野だと考えております。

　そういったこともあって、倒産法の要件事実というのは理論的に整序された均質な規範の集まりという側面よりも、歴史的な経緯、複雑な社会経済活動の反映、各界の議論や妥協の産物としての側面から、制度毎、条文毎に独特の個性を有する規範が出現することもある、大変興味深い部分があるように感じております。

　また、私としては、倒産の前後という、いわば緊急事態下における関係者の心理状態が、主観的要件として事後的に裁判において激しく争われること、そしてその結果として、多額の金銭的負担が破産債権者に課せられるかどうか左右されるといった仕組みが合理的なのかどうか、疑問を感じることもないではありません。本来、こういった問題は、感情的な問題ではないはずですが、主観的要件が争われる案件においては感情的な対立となってしまっているように思えることもよくあります。

　また、債権者の悪意が証明できる見込みがないとして、明らかな偏頗行為や、偏頗的な相殺を容認するのが倒産法として正解なのかどうか腑に落ちないこともあります。そういった、疑問や、不毛な争い、是正すべき事象についてのしかるべき是正について、法改正により対処するといったことも考えられますけれども、要件事実の解釈論を通じて、合理的、機能的な方向に一歩前に進むと

いったことができないかな、と最近は考えたりもします。

　また、主観的要件に関する解釈論が明確になれば、訴訟前の交渉による和解や、訴訟後においても早期に和解が成立しやすくなるかもしれません。そういった部分で、なにがしかの貢献できないかなと考えて、今回の報告の準備をいたしましたことを最後に申し上げます。

　私の報告は以上となります。ご清聴ありがとうございました。

　田村　飯尾先生、大変にありがとうございました。続きまして花房博文先生、テーマは「担保法改正と倒産法の課題」ということで、ご講演をお願いいたします。よろしくお願いいたします。

[講演3]
担保法改正と倒産法の課題

　花房博文　こんにちは。創価大学の花房と申します。簡単に自己紹介いたしますと、私自身は物権法、共有の研究を中心に、区分所有法等を専門としております。ただ、もともと大学院時代、民事訴訟法の伊東乾先生のもとで複雑訴訟を学び、民法の担当教員になって担保物権法という領域を担当していることから、今回、担保法の改正についてご報告させていただくことになりました。金融法の研究者でもありませんし、物権法の研究者が、倒産法、要件事実という内容について、とても専門的にはお話しできませんので、今日のお話は担保法改正を巡って、倒産法関連についての情報を皆さんにご提示して、私の疑問を、後の木村先生のご指導等を賜りながら、要件事実に結びつけていきたいと思います。それでは宜しくお願いします。

Ⅰ　非典型担保権の解釈上の現下の課題と、法制化への期待
　　（検討の問題意識）

　では、レジュメ（本書146頁）のほうを見ていただきたいと思います。

　非典型担保権の解釈上の課題について、実は法制化への期待として、まず私の中で問題意識を持っております。我が国の非典型担保制度というのは、非常

に限定された典型担保権の機能や有用性に対して足りない部分を補うものとして発展してきています。現在では債権の回収、貸付金の回収というよりは、むしろ、資金調達手段としての担保権の有用性というものが重視されるようになり、担保目的物の対象の拡大や包括化や、さらには今回の改正を見ても、さらなる進展が求められているところです。

　しかし、これらの新しい非典型担保権の法制化にあたっては、非常に慎重に取り扱われなければならない問題点というのがありまして、それは現行法制度における担保権実行手続との相互関係が前提にならなければならないことです。1番分かりやすいのが、不動産担保権が中心ですが、「仮登記担保契約に関する法律」に規定された内容です。この制定内容をみてみますと、①帰属清算型の担保権と処分清算型の担保権を併存させるということを考慮した立法的解決が、様々な規定として盛り込まれています。

　また、担保権の設定は、実体法的な合意に基づいた担保目的物の交換価値支配と、帰属、そして売却授権に基づく優先的清算弁済の確保ということになりますと、実は②2つの局面で、物権性あるいは排他的な支配性というものが求められるところでもあります。

　法制度化されていない非典型担保権の領域では、これら①、②については法的解釈に委ねざるを得ず、判例解釈においても、この①や②との関係において、非常にすっきりしない部分が残されている点は多いと思われます。ところが、その判例を前提として、新たに更に有用な非典型担保権の制度化が取り組まれているのですが、これらの疑義について十分な検討が求められるとともに、もう一つの問題点として、とりわけ倒産法上の取扱いについて十分な審議を尽くす必要があり、今回の改正では、それを十分に意識した改正がなされていると思われます。

　そこで、本日は、倒産法制に関連した法制審議会担保法制部会での審議のうち、倒産法関連に限って以下にお示しして、その問題点を取り上げてみたいと思います。そこで取り上げられたものが、要件事実としてどのような意味を持つかということは、私の報告では問題提起として述べるだけに留まりますので、後でのコメントをしていただける先生方との議論の中で、もう少し話を展開させていきたいと思います。

1 仮登記担保権

　それでは、まず、現下の非典型担保権からお話します。既に立法化されています仮登記担保権では、処分清算型を前提に、裁判所の関与による、配当手続きによる金銭の回収を想定する民事執行法制のもとで、新たに帰属清算型担保権を制度化するために、まず、①既存の典型担保権との間でも多重設定ができること、それから、②帰属清算においても処分清算型担保権が回収できること、3つ目としまして、③処分清算型担保権の実行においても、帰属清算型担保権である仮登記担保権が回収できること、が可能とならなければならず、仮登記担保法では、いくつもの、その工夫がなされています。

　典型的なのは仮登記担保法2条の規定です。2条では、後順位抵当権者、担保権者が物上代位でしか回収できませんので、清算金に物上代位できるように、実は所有権の移転時期をずらして、かつ、その間を清算期間として、その間に物上代位による回収ができるという制度を取り込んでいます。他方、帰属清算をしようとする仮登記担保権者が清算金に納得できない場合については、その後順位担保権者は履行期に関係なく本来の担保権実行ができるという規定を置き、そうしますと、仮登記を本登記にできていない仮登記担保権者は、当該担保権実行では配当を受けられませんから、将来の所有権移転の仮登記に過ぎないにもかかわらず抵当権の本登記とみなすという手続きを置くことによって、様々な問題点を一応、解決したものといえます。これら以外の非典型担保権についても、このような慎重な制度的構築が必要なのではないかと思うのですが、それ以上に金融実務の、いわゆる資金調達の方法としての担保権という要請が全面に押し出されている現状ですから、それらについての要請は否定はできないということで、以下に私が気にしている非典型担保の問題を、取りあえずご説明した上で法制審のお話に入っていきたいと思います。

2 譲渡担保権

　まず1つ目、非典型担保権の譲渡担保権についてなのですが、不動産譲渡担保権の場合は登記を利用しますから、他の担保権との二重設定ということは不可能です。そうなりますと結局、譲渡担保である以上清算義務があるとしますと丸取りもできませんので、何が有用性であるかと考えると、担保権実行をし

なくても、いわゆる任意売却によって簡単に不動産所有権が手に入る、あるいは処分権実行によって債権が回収できるという不動産譲渡担保権者のメリットが前面に出てくることになります。しかし、抵当権という非常に完成された担保制度を持つ中で、不動産譲渡担保権制度の他の有用性、すなわち、設定者に残余価値の有効利用ができるのかできないのかというあたりについても、再度、検討する必要があろうかと思いますが、今回の担保法改正は不動産譲渡担保権は対象外ですので、これについては議論されていないということになります。

　次に、動産譲渡担保権です。動産譲渡担保権については、対抗要件が占有改定であるため、二重設定が本当に可能なのかということなのですけれども、一応、可能であるという立場に通説・判例は立っております。その上で、多重譲渡担保が設定されるとしたときに、第二譲渡担保権者は第一譲渡担保権者の帰属清算を妨げることができず、物上代位に基づく回収が可能であるという理解をしているものかと思われます。

　しかし、占有改定で第一、第二というものが併存的に、しかも優劣がついた形で占有改定をするには、設定者は、第一譲渡担保、第二譲渡担保という意思を持って、占有意思を持って占有改定しなければいけないことになります。その場合に、第一譲渡担保権者の承諾なしに、そのようなことが本当にできるのかというと、多分、そのような第二譲渡担保の設定というのは難しいのではないかと考えます。仮に、設定者に留まる残余価値に対する第二譲渡担保権者を設定したものであると解するのであれば、順位確保の問題は生じてこないということになろうかと思います。

　このあたりが、明確な根拠が示されないままに、第一譲渡担保、第二譲渡担保だから物上代位しかできないという論理の展開がなされていたことを、今回の改正で、どのような制度に落ち着くのかというところが非常に気になるところです。

　また、動産である以上、もし同一の目的物に対して第一譲渡担保、第二譲渡担保ということを設定するのであれば、第二譲渡担保権者の即時取得という話になろうかと思いますけど、占有改定では無理でしょうし、特例法であれば、即時取得の善意が否定されることになりますから、第二譲渡担保は対抗要件を具備しないということになろうかと思います。同一目的物に対する多重の譲渡

担保設定が可能であるためには、目的物をどのように理解するのかというところを、はっきりさせなければならないことになっているのではないかなと思っております。

　次に、債権譲渡担保に関する気になる点ですが、債権譲渡担保については、特に債権譲渡担保権では目的物の特定性さえできれば将来債権の発生可能性すら必要がなく、不履行による損害賠償請求権という金銭債権が必ず発生するので、それは私的自治の問題として処理すれば足り、したがって私的自治の問題である以上は、90条違反のような合意でなければ、それは認められるのだというような判例が先例になっているかと思います。

　しかしながら執行法上で考えますと、90条違反で発生する債権というのは不履行に基づく債権ですので当然、債務名義を必要とする一般債権の発生であり、前者の場合は担保権、担保目的物を設定した債権であって、担保目的物としての債権であるために、これを同視できるのかどうかというところは非常に疑問でした。ところが、この判例は改正民法の466条の6の第1項として明文化されていますので、このあたりも気になっているところです。

　次に、集合物論の課題ですが、流動担保権については既に集合物論構成が容認され、集合債権譲渡担保では設定段階で第三者対抗要件を具備し、担保権の実行通知である取立権の移転の通知というのは、設定者の債務者への取立権の変更通知に過ぎないという理解がなされているかと思われます。

　しかし、債権譲渡の構造からすれば、譲渡人とその債務者が当事者であり、譲受人は第三者となるところ、集合債権譲渡担保の場面では当面の三者関係を当事者と捉え直すことをしているということです。

　さらに問題としては、何も集合物論を取らなくても将来個々に発生する債権として発生したものとして捉えれば良いというのが通説的になっているかと思いますけれども、債権債務者間が特定できるような場合はいいかと思うのですが、ノンバンクに融資して、どの借入人に対して貸付債権が発生するかというのが全く未定のような状況の中で、設定者が事業を継続するとしたら、集合物論構成をすることも、なお意義がありそうな気はするんですが、これらの議論もすっきりしない状態になっているのではないかと思います。

　そして、流動動産担保権の物権的請求権を考えたときに、種類、場所、量的

範囲で特定される流動動産が当該場所から搬出された場合に、集合動産譲渡担保権の対抗要件が特例法によらないときは、もはや搬出された動産は集合物の目的ではなくなり、現占有者の占有権限が推定され、搬出物に対する物権的請求権というのは観念できないのではないか、そうすると追及力のない担保権が設定されていることになるのかという疑問を、ずっと持っておりました。

　この場合に後の話と関係してくるのですが、よく問題になりますのは、集合動産譲渡担保では個々の動産は構成要素だとし、搬出してまた仕入れてくるまでの間には増減を繰り返すわけですから、増減を繰り返しながら一定範囲の経済的価値を保つという状況になっているときに、それを通常使用の範囲だと定義をしていて、通常使用の範囲を超えてしまった搬出がなされた場合には、集合動産譲渡担保であっても、その売却代金に対して物上代位ができるのだという展開になるかと思います。

　でも、ここで言うところの通常使用の範囲というのは、目的物の特定性で示された一定の種類、場所、量的範囲を担保とするものであって、個々の動産は構成要素に過ぎないという、この物が変動することを前提にしているわけです。他の担保物権と比較してみますと、例えば林業を営む設定者の山林に抵当権を設定した場合には、抵当権の担保目的物は当該目的物全体に及ぶわけですから、山林を伐採することはできないのかといったときに、いえ、それは通常使用の範囲であれば当然、林業を営む以上は続けられますよということになります。このときの通常使用というのは、被担保債権の範囲と担保目的物の価値の差額部分について設定者に残余価値があるので、その残余価値部分を設定者は通常使用ができるんだという理解だったと思うのですけれども、集合動産譲渡担保における場合の通常使用の範囲というのが、特定されている目的物が把握する増減を超えていない範囲という別の定義付けがなされているように思われます。このあたりも平成18年の7月20日の判例などを見ますと、どのようなものを指しているのかというところが非常に難しい問題です。これが要件事実における要件となるとすると重要な問題になってくるのではないかと思います。

3　所有権留保

　所有権留保につきましては、レジュメに記載しました通り、公示手段を欠く

実質担保権をどう担保法制に組み込んでいくのかといった課題が残っているかと思われますが、時間の制約上、次の問題に進みたいと思います。

4　第三者異議の訴え

　次の問題は、第三者異議の訴えに関する問題です。これは動産執行では非常に問題になっています。動産執行では、担保権者の優先弁済の訴えが削除され、かつ配当要求権者が先取特権と質権者に制限されており、非典型担保権者は勿論規定されていません。したがって、当該動産に執行がかけられたときには、現在は、第三者異議の訴えで、それを排除するしか方法がないという理論に立っていると思うのですが、それでは残余価値があるにもかかわらず、全面的支配をしてしまうようなケースも出てくるわけで、だから配当要求権者に規定を入れるということが、多分、今回の改正でも考えられる方向だと思われます。問題は、担保不動産収益執行のときもそうだったのですけれども、本来、不動産の強制管理については担保権者が入ってこないからこそ、債権者平等で配当がなされていた制度に、担保不動産収益執行者が二重差押えで入ってくるとなると、担保権者が全面的に回収してしまって一般債権者の強制管理の手続きが、事実上機能しなくなってしまうことになります。

　同様に、基本的には二重差押えを認めない動産執行ですから、債務名義を持っている一般権者の執行を想定して、例外的に先取特権や質権がそこに入れるという形の配当要求だったのですけれども、ここに、いわゆる集合動産譲渡担保権者の配当要求が入ってくると動産執行は、一般債権者の回収対象になれないのではないかということが少し気にはなります。ただ、第三者異議の訴えで全面排除をすることを考えると、やはり配当要求という明記をするしか他に方法がないのかな、というような気もいたしております。

　そのような中で、今回の担保法改正審議では、いわゆる非典型担保の実行手続というものを一応考えていこうということになっていて、それは、いわゆる論点の8のあたりにも書かれてあり、この論点8の中で、担保権実行、帰属清算型と処分清算型ということを一応区別して、かつ私的清算という手続きも、それを残すという形で組み込まれていくと思われます。その場合に、先ほどの仮登記担保法のように、よく練られた相互乗り入れができるような担保制度に

なっていくのかどうかというあたりが、最後の作り込みを見てみないと、よく分からないのですが、ただ任意売却、私的実行というものを残していますので、法的手続きだけでは解決できないという部分は、どうしても残ってしまうかと思われます。

　そうすると、もう1つの問題として、担保権実行の中で集合動産譲渡担保のような流動担保権の実行によって、それ以降の目的物に対して効力がなお及ぶと考えるのか、担保権実行によって、根抵当権の被担保債権のように、担保目的物が固定化してしまう、と考えるのかはまだ議論されているような感じを受けております。この固定化するのか、固定化しないで、そのまま収益あるいは将来発生して入り込んでくる目的物からも回収できるのかということは、特に倒産法との関係で非常に重要な問題になってくるかと思うので、そのあたりを後でご議論したいと思っております。

II　法制審議会担保法制部会（中間試案及び要綱案のとりまとめに向けた検討）

1　担保権実行中止、禁止、取消命令等の可否と担保権者の利益保護

　次に担保権と倒産法との関係に入りたいと思います。まず、担保権が実行されるときに新たな担保権実行に対して、中止命令や禁止命令や取消命令というものを規定していくべきなのかどうか、あるいは、それを規定することによって担保権者の利益保護は図られるのだろうか、というような問題が生じてきます。

　それが部会資料の32の第3というあたりに書かれてありまして、まず担保権実行の中止命令について規定するということで、ここに示されたものが担保権実行の中止命令の適用の有無の論点です。譲渡担保権および留保所有権の実行、これは私的実行も含むということで、民事再生法上の担保権実行手続中止命令の対象とする。譲渡担保権および留保所有権の実行手続を会社更生法および外国倒産処理手続の承認援助に関する法律に基づく担保権実行中止命令の対象とする。

　この前にあった論点が、別除権扱いについてです。これらの新しい担保権は破産法2条10条、それから民事再生法53条、別除権扱いをするということになります。

　その後の第3　1(3)のところ（本書150頁）ですが、債権譲渡担保の場合には、直接取立権の移転ということが生じて、そこに私的実行手続も含まれますから、そうしますと従前ある権利質と平仄を合わせる必要があるので、債権譲渡担保等が入るのであれば、権利質の実行手続もここに明記しなければならないということが想定されています。

　それから、動産質の場合につきましては、流質契約の効力を認める問題として質物の処分というものを認めるかどうかということが、非典型担保権の新しい制度を作るにあたって考えなければならない問題だとして指摘されています。

　担保権実行中止命令を規定した場合に、別に非典型担保であっても、もちろん典型担保と同じように、再生のための必要な財産の確保等のための時間的猶予を与えるという同条の趣旨は、非典型担保にも当てはまるということで当然のように規定されるのですが、問題は私的実行を含めるとしますと、担保権実行手続中止命令というのは既に継続し、または開始している担保権の実行手続を中止するものであって、担保権の実行を事前に禁止する効力を有するものではない点が指摘されています。

　その結果、担保権実行がされる以前の段階で、担保権実行禁止命令というものを予め認めておく必要があるとされています。これも、もっともなことだと思うのですけれども、私的実行が認められますと、実際には実行手続が任意売却ですとあっという間に終わってしまう。そうすると実行手続中止命令では対応できないので、事前に禁止命令を発令するということも多分、意味があるかとは思われるものの、それに加えて今度は取消命令が可能かという問題が出てきます。

　しかし、取消命令につきましては、担保権の実行を取消しても、それ自体で、例えば取立権が元に戻るといったことは、一旦移転してしまった取立権が設定者に戻るということはありませんので、結果として、その設定者がそのまま事業を継続していくためには、移転してしまった取立権を元に戻してもらうという効果を認めるような許可を、裁判所の関与によって認める必要も出てくるでしょう。このあたりが非常に、制度的に細やかに作られなければならない部分かと思われます。

　すなわち、このような制度設計は、他方で担保権者の利益を著しく阻害され

てしまうので、担保権者の利益を、どのように保護するのかという問題が出てきます。

　この問題につきましては、予め担保権の利益保護の手段としては、審議資料に書かれてあるところですと、担保権実行手続中止命令等が発令された場合の弁済の効力について、債権譲渡担保権者に担保権実行中止命令または担保権実行手続禁止命令が発令された場合において、第三債務者が、これが発令されたということを知っていたときには、担保権者に対する債務消滅行為の効力を設定者に対抗することができないものとする等があげられます。

　それから、もう1つの問題としては、担保権実行手続取消命令が出たときに、その後、同じように集合債権譲渡担保に関して担保権実行手続取消命令が発令された場合において、これが発令されたことを第三債務者が知らなかったときには、担保権者に対する債務消滅行為は、その効力を有するものとする、というような問題の指摘や、この取消命令は将来に向かってのみ効力が生じるのだ、というような、いくつかの指摘があるのですが、これらは、再生債務者の事業継続のために特に必要があると認められることの証明を求めたり、立担保をさせることによって担保権実行手続取消命令が不測の損害を被らないようにする、というような手続きも必要ではないかということが検討されて立法化されていくものと思われます。

　審尋手続の要否については、審尋するかどうかというのも時間的余裕がないので、命令が出た後の審尋の要件になっていたりもしておりますので、今までとは非常に違った、いわゆる非典型担保の手続的配慮というものが、ここに設けられることになりそうです。

2　倒産手続開始申立特約の効力

　次に、少し飛ばしまして、2倒産手続開始申立特約の効力（本書154頁）についてです。これは山本先生のほうからもお話があったかと思いますけれども、倒産手続開始申立特約の効力で、所有権留保売買契約の解除の事由として、または所有権留保売主と所有権留保契約において目的である動産の所有権が留保された当事者に対して、次に掲げる事由を理由とする所有権留保売買の解除権を付与する特約は無効とする。所有権留保買主について再生手続開始の申立て、

または更生手続きの開始の申立てがあったこと、それから所有権留保買主等に再生手続開始の原因となる事実、または更生手続開始の原因となる事実が生じたこと、等があげられています。

　次に掲げる事由を設定者の動産の処分権や、設定者の債権の取立権限の喪失の事由とする特約を無効とする旨の明文の規定を設けるかどうかについて、検討するということになっています。これらは実質的に倒産手続の要請を司法上排除してしまおうというような合意ですから、それは倒産手続の局面においては制限されるという形になっていくのではないか。それが伊藤先生の説になるのか山本先生の説になるのかは分かりませんが、いずれにせよ制約を受けなければならないということになります。

　ここで気になりましたのは、所有権留保の効果としての解除という遡及効と、所有権留保を担保権だと構成したときに、担保権実行としての清算義務を果たすという構成と2つがあったときに、それが、どちらか選択的になるのか、あるいは併存的になるのかというところも気にはなります。本レジュメの2（本書154頁）に書きました限りにおいては、担保権実行としてというよりは、いわゆる所有権留保売買における解除特約っていうことを前提にしているのですが、所有権留保がどういう形の担保に落ち着くのか分かりませんので、譲渡担保の裏に当たるような担保権として、なお構成する余地があったときには、そのあたりも、ここに検討される内容が増えていくのではないかと思われました。

3　倒産手続開始後に生じた財産に対する担保権の効力

　それから、倒産手続開始後に生じた財産に対する担保権の効力、この点が最も倒産手続との関係で問題になるかと思われます。倒産手続開始後に生じた債権に、審議資料では債権の例で書いていますけれども、将来発生する債権を目的とする譲渡担保の設定について、倒産手続が開始された場合に当該担保権の効力が管財人または再生債務者を当事者とする契約上の地位に基づいて、倒産手続開始後に発生した債権に及ぶかについては、例えば全ての将来債権譲渡担保について、いずれかを採用するのではなくて一定の要件を満たすものに限って採用して、そのものについては下に掲げます（本書155頁）案19.1.2から19.1.4までの、いずれかを採用するという考え方についてはどうかと検討され

ています。

　しかし、ここで考えていただきたいのですが、集合物論を取ったときには構成要素の変更にしか過ぎないという論理に至ってしまうと、当該物自体は将来発生する債権ということではないわけです。ところが、債権譲渡担保においては別に集合物論を取る必要はなくて、個々の債権が発生した段階で担保の効力が及んでいくと考えた場合には構成要素ではありませんから、いわゆる倒産手続開始後に発生した債権に効力が、なお及ぶと考えるか、あるいは、固定化してしまってもう及ばないと考えるかによって大きく分かれていくのではないかと思われますが、集合物論構成の中で、それが果たして言えるかというところが非常に難しいのではないかと思っております。そうすると、集合物を固定して、そこで終わらせるのだという設定段階での特約なり合意なりというものが、司法的な実体法上の根拠を持って、倒産手続上に表れる必要があるのではないかな、という気がしております。

　また、この問題を、効力が及ぶ、及ばないという問題で見るのかということです。実際には再生手続が始まっていて、その費用で将来発生する債権を、担保目的物として、どんどん担保権者のみが回収していくというのは、どう考えてもおかしなお話ですから、これについては偏頗行為の否認と同じように否認の対象にできるのか、否認の対象にできるとすると、その基準時は、いわゆる実行手続後という話ではなくなるので、似たような局面が、そこでも現れるのではないかという問題が気になっております。

4　譲渡担保権設定者の処分権限等

　4にいきます。譲渡担保権設定者の処分行為等をどのように考えるか、ということなのですけれども、譲渡担保設定者の処分行為ということなので2段階あるかなと思いました。まず、民法上、譲渡担保権者設定者のものではなくなる時期というのは、いつなのかという問題です。不履行が起こったら、そこで形式的所有権が実質的所有権の移転に変わるという考え方と、そうではなく、その段階においても、担保権者は本来の担保に基づく回収と、実行に基づく回収との2つの選択ができるのだから、実行通知が届いて初めて自己に帰属する、清算するという行為に至るものだと考えるかの問題です。

　そして、再生手続開始決定だとか倒産手続開始決定が生じてしまって、別除権ではあるのですけれども、その手続きがもう進行して倒産法上の要請が働く中で、譲渡担保権設定者が目的物を処分してしまうというような場面とで規律を区別して考えた場合に、この問題というのは、どちらの話で組み立てるべきなのかというところは気になっております。

　第8（本書156頁）に挙がっている問題としては、例えば当初の設定で目的物の場所というのは目的物の要素であったのですけれども、譲渡担保権者の承諾を得れば、目的である動産の保管場所を変更できる。逆に言えば、承諾を得なければ変更できない。それから変更禁止の規律は設けない。

　それから案8.3.1です。設定者の事業活動の対応、動産の補充の可能性、取引上の社会通念に照らして定まる通常の事業の範囲内においては、特定範囲に属する動産の処分とするっていうことはできるのだという、この通常範囲の処分の問題として捉える、目的物ではなくて、という捉え方になっていきます。

　案8.3.2になりますと、通常事業の範囲という問題ではなくて、設定者ができない、禁止されるべき処分の客観的要件、主観的要件を明確に定めるという形になっていく案が提言されておりますけれども、これらも、どのような規定になるかで、最終的にその要件事実の要件になるのかどうかというあたりが私にはまだ判断がつきませんので、後でまた教えていただきたいと思います。

　案8.3.3についてです。前述しましたように、流動担保権の目的物について集合物論を取る場合には、特定された目的物に対する設定者に留保された処分権限に基づく、その対象としての設定者の事業活動の対応、動産補充の可能性、取引上の社会通念に照らして定まる通常の事業の範囲内において特定範囲に属する動産と、譲渡担保権者に対して設定した流動目的物群内での残余価値に対する通常の事業の範囲内における処分とが、なお、この2つの区別が何かすっきりしない部分として残っております。

　これらの問題を最終的には、どのような形の非典型担保権が規定としてなされるのかというところがとても気になっているところです。

5　事業担保権の導入

　最後に、倒産法関連でもう1つ、今回の改正の目玉でもあるのですが、まだ

分かりませんけれども、事業担保権の導入が多分なされるんだろうと思われます。資金調達手段の目的物範囲や担保価値を広げていくということも1つのメリットとしてあるのですが、企業が行っている事業そのものが事業担保の目的であるときに、最終的に担保権が実行されると、事業譲渡という形の実行がなされることになります。この事業譲渡を目的とした実行がなされることによって、働いている人たちは、そのまま事業継続がされた状態で担保権者に債権が回収されていくという形になるメリットは大きいものと考えられます。

　しかし、これは、実は民事再生法上、既になされていた取り扱いを、いわゆる担保法上の担保権として構成することになるわけです。そうすると、特に事業担保権が事業を、もちろん継続させることを前提として債権回収をするのでしょうけれども、民事再生で当該債務者が事業継続をしていくということが前提になる中で、同じ目的を2つの制度がぶつかり合っている状態になることになります。かつての企業担保権は、フローティング・リーエンの部分について、劣後債権として回収できるというようなものだったのですけれども、今回の目的は、そうではないように思われます。そうすると民事再生法上の要請と破産法上の要請とでは大きく異なるのでしょうし、民事再生においても事業担保権というものを別除権として、そのまま債権回収できるという状態にしておくことは、倒産手続自体は非常に難しくなってくるのではないかと思われます。ですので、ここの架け橋をどのような規定を設けるのかが重要になってくると考えます。

　最後になりましたけれども事業担保権の倒産法上の取り扱いとしては、まず1（本書158頁）として、別除権および更生担保権としての取り扱いのところで、事業担保権についての更生手続との関係では、手続外での行使を禁止し、手続内において、担保目的物の換価および配当を行うこととするべきという考え方がある。この考え方をとる場合において配当法に関して、どのような規律を設けるべきかという問題と、先ほどの担保権実行中止命令の問題が出てくるかと思われます。

　レジュメ10頁（本書159頁）ですが、破産法上の担保権消滅許可制度については、事業担保権の設定者について、倒産手続が開始された場合に、いわゆるDIP ファイナンスに係る債権を被担保債権とする担保権を事業担保権に優先さ

せる制度を設けるべきかどうかについて、どのように考えるかという問題です。また、先ほどご報告の先生方からご指導いただいたのですが、事業担保権には2つのものがあり、当初のいわゆる事業育成担保権では有形資産を持ったない中小企業の人たちやスタートアップにとっては、事業性、成長性、将来のキャッシュフローに着目した担保融資として、かなり期待のある担保権だったのですが、実際に法制度される段階では、有形資産も含めて事業そのものが担保の対象になっているので、有形資産を持たない人たちのバックアップということだけではなくなってきているようです。そうであれば、プロジェクトファイナンス等の既存の制度との住み分けの問題も少し残されているのではないかと思います。

　担保改正関係では以上のように、問題点を指摘したに過ぎないのですけれども、後ほど木村先生、よろしくお願いします。

田村　花房先生、ありがとうございました。

　それでは、コメンテーターの先生方からのコメントを頂戴したいと思います。まずは木村真也先生、よろしくお願いいたします。

［コメント1］

木村真也　本日は貴重なご報告を拝聴させていただいて、さらに、それについてコメントをさせていただく機会をいただきまして、誠にありがとうございます。まず冒頭に簡単に自己紹介と、私のコメントのアプローチについて触れさせていただきたいと思います。私も司法修習52期で、実は飯尾先生と同期、同クラスでございます。大阪で破産管財業務などを含めてやらせていただいておりまして、ただ要件事実については何を隠そう、不勉強でございます。今回、一生懸命、勉強させていただきたいというふうに考えております。ご指導よろしくお願いします。

第1　コメントの基本スタンス

　とはいえ倒産実務の中でも、確かに要件事実をきちんと考えるということが大事なのではないかと普段思うことがあります。判断が難しい要件が多重に織り重なって、複雑な判断がなされてきているという、そんな場面が特徴的なのではないかという感想を抱きました。

　そんなことで、今日いただいた3つの報告を私なりに拝聴して、その中で紛争類型別要件事実的なものを拾えるところを拾ってみて、どういうふうな要件事実の展開になるのかというのを1度考えてみたいと、そんなことでコメントをご用意させていただきました。ただ不勉強により、間違いというか混乱というところがありまして、現に今日に向けて先生方から非常に丁寧に、ご指導を賜りながら少しずつ勉強を進めている最中でございます。そんなことでございますので1つのたたき台というか、そういうものとしてお示しして、ご指導を賜れたらと考えております。

　では目次（本書162頁）をご覧いただきまして、そのコメント事項を少し概観させていただきたいと思います。まず山本先生のご報告の関係では2点、取り上げさせていただきたいと考えています。1つ目は保全処分と解除というところです。それについての倒産法の解釈というご報告をいただきました。それが要件事実として、どんな展開になっていくのかということについて少し触れてみたいと思います。それから2点目が、ご報告後半に出てきた非義務行為の偏頗行為否認です。その要件事実について山本先生のご論文で勉強させていただいて、それが要件事実として、どんな展開を見せるのだろうかとの点を少し検討してみたいと思っているところでございます。

　それから、飯尾先生のご報告の関係でございますが、専相殺供用目的について、どんな要件事実の展開が考えられるのかということを検討してみるということを、まずやらせていただいて、それを踏まえて飯尾先生の設例への当てはめを考えたいと思います。さらに、それに続いて少し比較検討という意味で、隣接するであろう別の要件事実があったら、どうなのだろうか、バランスがうまく機能しているのかというあたりを1度見てみたいという構成でございます。

　それから、第4の花房先生のご報告の関係でございますが、1つ目が中止命

令の関係の要件事実、2つ目が倒産解除特約の要件事実、3つ目が倒産手続開始後に生じた財産に対する担保の効力の関係の要件事実、4つ目が担保権設定者の処分行為の要件事実です。なかなか、立法論について言い切れないかもしれませんが、1度落とし込んでみたらどうなるだろうかと。以上のような構成でございます。

　では内容に入ってまいります。少し分量が多くなってしまっておりますので、かけ足になりますことを、どうぞお許しください。レジュメが長くなってしまっておりまして、下線部を引いたところを中心にお話をさせていただきたいと思います。第1は先ほど触れさせていただいたので、第2の山本先生のご報告の関係の1つ目の点に入らせていただきたいと思います。

第2　山本先生のご報告について

1　「1⑵弁実体法上の法律効果の変容（制約）に関する若干の検討―弁済禁止の保全処分と債務不履行解除を例として―」（3頁）について

　1つ目の点が弁済禁止保全処分と解除についての要件事実ということでございます。訴訟物を、以下のとおり想定したいと思います。売買契約の解除に基づく物件引渡請求権です。要するに、破産債権者が債務不履行解除を理由に物件を返せと言っている、そういう裁判を起こしてきたという訴訟を想定するのが1番、この場面には適切であろうと思います。これは昭和57年の最高裁判決の事例にも近いという、そういうことだと山本先生からご教授賜りました。

　そうなると請求原因以下がどうなってくるかですが、レジュメに書いております請求原因の①②、まず売買契約の成立、それから債務者について破産手続が開始したこと、売買契約はしたけれど債務不履行解除だと、それが請求原因事実の要件になってくるのではないか、と考えました。その上で、債務不履行解除としては催告解除、無催告解除というのがあり得るのであろうと。戻りますが、請求原因②の破産手続開始決定があったことという点について、脚注4（本書164頁）で少し触れておりますが、これが要件事実になるかどうかというのは、どうも議論があるようでございまして、実体法的な事実というよりは当事者適格に関わる事実ということになるのではないかと思いますが、通常、訴状には記載されるべきであろうということで、請求原因の中で列挙するという

文献が見られるので、一応ここではこのような形にさせていただきます。

　ちなみに、あとのほうで別の花房先生の関係のご報告で出てくるのですが、当事者が再生手続の場合は、再生債務者が基本的には管理処分権を持っているので、この請求原因の段階で再生手続開始決定という事実が登場しません。そのために、その後の抗弁以下の中で必要な段階で、そういう手続開始の事実が登場するような場面が出てくるのかな、というふうに思っております。

　レジュメを進ませていただきまして、請求原因で解除までが登場したと。そして、この解除の有効性を争うための抗弁として、各見解の構成が位置付けられるという、そういうことになるのではないかなと考えました。その1つ目の①の見解が違法性阻却説であるとか催告不能説と呼ばれるような見解があって、保全処分がなされたから解除は許されないんだと考えます。

　それから、これに対して②の山本先生のご見解は、私の理解させていただいたものによると、これは権利濫用だと位置付けるべきであるとされます。権利濫用の中身としては、弁済禁止保全処分の下での解除権の行使が権利濫用であることの評価根拠事実というのが、ここに抗弁として挙がってきて、さらに具体的な中身について教えていただいたものを脚注の8、9などに記載させていただいております。ここで山本先生のご見解では、解除の種類によって、あるいは契約の種類、倒産手続の種類に応じて解除ができる場合、できない場合というのが、ある程度、類型的に想定できるであろうというふうにご指導を賜りました。特に別除権の類、担保権の類のものについては破産法であれば解除が許される、それに対して再生手続の場合は解除が許されないというような考え方になるのではないかと、そのようなことなどを伺いました。

　山本先生は権利濫用の評価根拠事実というのが抗弁だとすると評価障害事実というのが再抗弁になり得るのでないでしょうか。

　この評価障害事実にあたり得るものとして、どんなことがあり得るのかというのは、例えば解除ができないことによって相手方当事者に極めて重大な損害が及ぶというような場面であれば、もしかしたら解除を例外的に個別的に許されるべきだという、そういう事案というのはあり得るのかなと思います。それから、あるいは逆に倒産手続の申立て自体が非常に濫用的だという、そんな事情が認定できるような事案は解除が許されるべきだ、みたいな個別的な例外事

情というのは、もしかしたら、あり得るのではないかと。そんなことを考えた
次第でございます。

2 「2⑶否認の局面における「非義務行為性」の評価の相違」(8頁) について

　続きまして6頁(本書166頁)に入らせていただきます。

　否認の非義務行為の評価の相違ということでございまして、非義務行為の偏
頗行為否認の要件事実について挙げてみました。訴訟物が弁済金返還請求権に
なりまして、請求原因事実がこの⑵の①から⑥まで、要するに否認の要件事実
ということになるわけですが、比較的特徴的なのは支払不能の評価根拠事実と
いうあたりが出てきます。それに対して抗弁として出てくるのは、⑶の②の支
払不能の評価障害事実というのがありますが、それに加えて山本先生のご見解
に基づいて特徴的に拝見したのが、③の有害性がないことというあたりが抗弁
として登場することです。その抗弁の内容として、本来の弁済期以降に支払不
能となったことであるとか、破産リスクの現実的転嫁がないことという、そう
いう場合が挙げられるという位置付けになるのではないかなと考えました。

　この考え方については、この抗弁の③の中身が非常に複雑で、訴訟する現場
を考えると、なかなか立証が容易でないというようなことがあり得る、あるい
は弁済行為当時には、なかなか把握できない事情が含まれているのではなかろ
うか、というあたりが私なりには少し気になりました。しかし、そもそも非義
務行為を行った以上、30日以内に支払不能になれば、否認対象になるというの
が基本ルールであって、その範囲を限定するルールとして、やや複雑ではある
けれども合理性を追求したルールが取り込まれているということで、取引の安
全との整合性と合理性というのは図られているという見解になるのではないか、
というふうに理解した次第でございます。

第3　飯尾先生のご報告について

1　要件事実

　では次に飯尾先生のご報告の関係ですが、まず、飯尾先生のご報告のものを
要件事実に落としこんでみると、こうではないかというのが、まず訴訟物を、
預金契約に基づく預金返還請求権とします。要するに、破産会社が銀行に対し

て預金を返してという訴訟を想定しています。それの請求原因事実が、この(2)の①から⑤で破産手続が開始した、預金契約の締結云々というようなことと思います。次に抗弁としては、反対に金融機関側が自動債権の発生と相殺の意思表示ということを主張してくる。そして、それに対する再抗弁として債務者の支払不能の評価根拠事実、支払不能についての認識、そして③で専ら相殺に寄与する目的によるものであるという契約の評価根拠事実という表れ方になると思います。かつ、この専相殺供用目的は規範的概念であるという見解が比較的多いと思います。

　それを受けて再々抗弁として支払不能の評価障害事実、または専相殺供用目的の評価障害事実、または強い振込指定、その後の入金との関連性、強い振込指定の時点で支払不能ではないことを基礎づける事実というのを、いわゆる前に生じた原因の主張という、そういうような反論が想定されるということになるのかなと思います。ちなみに脚注の19（本書169頁）を触れさせていただきたいと思いますけれども、この専相殺供用目的をどのように認定するのですか、ということを少し飯尾先生と今日に向けてやり取りさせていただいて、飯尾先生からの試案ということで教えていただいたものを、ここに触れさせていただいたので、少し紹介させていただきたいと思います。飯尾先生のお考えとしては、評価根拠事実は①②に分かれると。財産処分行為の締結が通常取引目的でないこと、②で相殺の抗弁における破産債権者の自動債権が既存の債権であるということ、この2つであります。そして、その①の間接事実として（ア）、（イ）、（ウ）という事情が挙げられ、（ア）は時間的接着性、（イ）が相殺の確実性、（ウ）が通常目的との乖離されます。（ア）、（イ）、（ウ）は、どれか1つでも認定されればいいんだという整理をご提示いただきました。これに対しての議論としては（ア）、（イ）、（ウ）の性質が、いろいろ見方があり得るのではないか、（ア）、（イ）、（ウ）を間接事実と考えるのか、あるいは、これ評価根拠事実と考える余地はあるのではないか、（ア）、（イ）、（ウ）以外の事情もいろいろな、こういう、まさにリーマン・ショックの裁判例もそうでしたけど、誰も考えないようなことが起こりますので、いろんな事情が取り込めたほうがいいという意味では、柔軟に広く取り込めたほうがよいという考え方はどうか、（ア）、（イ）、（ウ）とかいう条件を、いろいろ比較考慮するというアプローチ

はいかがでしょうかというそういった議論がありうるかと思います。さらに言うと、専相殺供用目的の、目的の認定も重要ではあるものの、それと並行して支払不能の評価根拠事実と評価障害事実、さらには支払不能の悪意とかいう似たような要件の認定を並行して議論し、結局のところ、それらが総合的に判断されて妥当なラインでの相殺の合理性を、線を引いていこうとしているということになるのでしょうか、という感じを受けました。

2 設例への当てはめ

　次の9頁（本書169頁）の設例への当てはめでございますけれども、飯尾先生は支払不能という想定でお作りいただいた事案を、あえて違うアプローチで、これはまだ支払不能ではなく頑張っている会社ではないかという、そういうコメントを、ここに書かせていただいております。

　脚注21（本書170頁）で触れておりますけれども、売上15億で負債が6億円、財務超過3200万円、これはまだいけるのではないですかねという、まだこういう感じで頑張っている会社というのは実は結構たくさんおられるような気がして、これが支払不能になり、かつ、その後の例えば2000万円の返済とか担保設定は、悪意である限りは偏頗行為否認の対象になるという扱いでいいんでしょうかと思います。飯尾先生も懸念を示されていましたけれども、そうなると早々に金融機関がロックするべきということになってしまい、潰れるというほうに働くのではないかという問題もあり得るため、今の情勢の中で、そういう会社でも頑張っているところがたくさんいる中で、支払不能の認定というのは、やや慎重に判断するというアプローチもあり得るのではないかと思います。そうすると専相殺供用目的の認定以前の問題というか、それともオーバーラップしながら相殺の範囲というのが判断していかなければいけないということに、なり得るのかなという感じもいたしました。

3 隣接要件事実との比較（参考）

　10頁（本書169頁）に入りまして、他の要件事実との関係で、これは結論を一言で申し上げると、飯尾先生のアプローチを取ることによって他の要件事実の整合性は比較的すっきりするのではないかと思います。つまり、専相殺供用目

的を客観的に考えるというアプローチをすることによって、周りの似たような諸制度との整合性を取りやすいと思います。主観説よりも、そこが優位であろうというふうに思われます。

　1つは偏頗行為否認、典型的に比較になる偏頗行為否認で、ここでは支払不能と支払不能の悪意というのが基本的には要件事実の中核になってくるということで、それと似たような処理ができます。それから債務引受、71条1項2号後半というのが、前半が専相殺供用目的で後半が債務引受で、ここも横並びの要件事実になってくると思います。後半のほうは、特に専相殺供用目的みたいな目的要件がないようで、債務引受をしたときに支払不能で、かつ悪意であれば相殺禁止という、その2つのルールしかないというような要件事実の配置になりそうで、そことのバランスという意味でも飯尾先生の客観説というのは、すっきりしているのではないかと思います。

　それから、⑶が72条2項4号で、これは自働債権のほうの相殺禁止のルールなんですけど、2項の相殺禁止の例外で、4号で、破産者との契約というような場合には、一種の同時交換的取引類似の場面として相殺禁止が除外されるというルールが設けられているということでございまして、その要件事実も、ここに書いたような並びで、支払不能の評価根拠事実とその認識という客観的な事実関係を中心として構成されるということで飯尾説との整合性が取れていると。もうちょっと言うと④の再々抗弁の破産者との契約というものの解釈についても、これも主観説と客観説が分かれているようでございまして、脚注29（本書172頁）に少し触れましたけれど、山本克己先生のご見解は客観的に解釈すべきだけれども、沖野眞已教授は相殺の意思を持って、そういう契約をした場合に限定すべきだというような立場で、両説あるわけですが、客観説を取ることのほうが飯尾先生のご見解とは馴染みがいいのかなという印象は受けましたが、そういった周辺制度との整合性という意味では飯尾説は非常に合理性が高いのではないかというふうに理解しました。

第4　花房先生のご報告について

1　担保権実行中止、禁止、取消命令等の可否と担保権者の利益保護

　次に第4の花房先生のご報告の関係でございます。

　まず中止命令の点ですけれども、これを要件事実に落とし込んでみたのがこちらでございまして、担保権実行して所有権に基づく返還請求という訴訟提起がされたという想定で、請求原因事実は被担保債権の成立であるとか、担保の設定実行というもので、それに対する抗弁として再生手続開始の申立て、実行の意思表示に先立ち中止命令が発令され送達されたこと、それが再生債権者の一般の利益に適合し、かつ、もう既に不当な損害を及ぼすおそれがないこと、そんな要件になってくるのではないかと。ちなみに③の関係で言うと、東京高裁の裁判例の中で、中止命令が発令されたとしても、実体的な要件を欠いているときには効力がないという判断があるようですので、ここでは中止命令が発令されたというだけではなくて、その実体的要件の存在というのが抗弁の内容として登場するのではないかと考えました。

　それに対する再抗弁として中止命令が変更され、取り消され、または期間が満了した、または受戻権の喪失という、そんなことが登場してきて、ここも立法論ですけれど脚注32（本書173頁）に少し触れましたけれど、受戻権は一体どういう場面で存続し、どこまで消滅するのかというあたりが立法論も含めて問題になるというのは、花房先生のご指摘のとおりではないかなと思います。かつ、その際に仮登記担保法が現行法としてはあって、そのルールがどうなっていくのか、ルールとの整合性はどうなるのかというあたりが1つの検討課題となるのではないかというふうに思います。

2　倒産手続開始申立特約の効力

　それから次は倒産開始申立特約の効力で、これも訴訟物は譲渡担保権実行に基づく返還請求権というようなものを想定してみました。そうすると、要件事実は基本的に先ほどと同じでございまして、担保設定と実行というのが請求原因になります。それに対して、その際に請求原因の中で倒産解除特約の事実を主張しても、それは主張自体失当になるんだという位置付けになってくるのではないか、というふうに考えました。

3　倒産手続開始後に生じた財産に対する担保権の効力

　それから次は、倒産手続開始後に生じた財産に対する担保権の効力、これは

譲渡担保権の実行による売買代金支払請求権というのを訴訟物にしてみました。それの請求原因事実は、こちらのとおりでございまして、被担保債権の発生原因事実などです。それから譲渡された債権の発生原因事実などということで、それに対する抗弁として再生手続が開始したということ、再生手続開始後に、その債権が発生したことということで、手続開始後の債権であるということが抗弁として位置付けられるのかと思います。ただ、その抗弁の効果が何なのかというのは、この法律を待たないと決まらないということなのかなと思います。

4　譲渡担保権設定者の処分権限等

　次に、譲渡担保権設定者の処分権限等で、こちらも訴訟物は譲渡担保物件の所有権の返還請求権というふうにさせていただきまして、請求原因は、債務者が目的物を所有していたことを被告が現時点で占有していること、ということでございます。抗弁として債務者が目的物を譲り渡す契約を締結したことで、再抗弁として、それが担保に基づくものであり、かつ、この通常の範囲の権限を超えているものであるということなどという形で、この通常の範囲等の要件が、ここで登場するのではないかと思われます。

　花房先生のご報告にもございましたけれども、この通常の事業の範囲というのが一体何を指すのかというのは、理解がいろいろ分かれるようで、要するに残高が維持されているかどうかという問題なのか、行為の性質上、普段の業務のものなのかどうなのかとか、あるいは両方なのか、どのように判断していくかということが問題になるかと思われます。それに対する再々抗弁として、譲渡契約が、債務者が被告に対する担保のためにするものであることとなります。担保のためにするものである場合には通常の範囲を超えていても、かまわないということなので、そういうことが再々抗弁になってくるのではないかなと理解しました。

5　事業担保権

　事業担保権については、いろんな内容が織り込まれるようで結局、先ほど出てきたような問題点が、かなりの部分こちらにも登場するということではないかと思います。

差し当たり以上でございます。ありがとうございました。

　田村　木村先生、大変にありがとうございました。続きまして毛受裕介先生からコメントを頂戴したいと思います。毛受先生、よろしくお願いいたします。

　　［コメント２］

　毛受裕介　那覇地裁石垣支部の毛受と申します。本日は大先生方を前にコメントの大役を仰せつかり、大変緊張しております。石垣支部は裁判官が１名しかおらず、容易に島外に出られないので、今日はオンラインで失礼いたします。
　ではレジュメ（本書176頁）に沿ってコメントします。

１　はじめに

　まず、簡単に倒産法や要件事実等の関わりを申し上げます。要件事実の関係についてはロースクールの派遣教官であった河村浩判事とのご縁で、同判事ですとか、要件事実教育研究所の元所長であらせられる伊藤滋夫先生の書籍に、いくつか関わらせていただきました。また倒産事件との関係で言いますと、判事補の研修として三井住友銀行に一年間派遣されて、若干の企業業界調査を行ったのに加えて、今の任地の前々任地の東京地裁民事20部では、当時は中目黒のビジネス・コートに移転する前でしたので破産再生部と呼ばれておりましたが、通常管財事件と特定管財事件、合議の破産事件、個人再生事件、通常再生事件と、当時扱われていたひととおりの事件を担当し、また破産再生の関係の、いくつかの書籍にも関与させていただきました。
　そして破産再生部の後は、司法研修所一部教官室で裁判官向けの研修の企画等を行い、今年４月に石垣支部に赴任し、久しぶりに民事裁判実務に携わっています。訴訟担当者として倒産に関わった経験は、ほとんどないことになりまして、また石垣島には、あまり最新の書籍がなくて不勉強、不正確なコメントをしてしまうかと思いますけれども、そういう経歴を有する１人の裁判官の感

想として、お受け止めいただければと思います。

2　本講演会の趣旨

　本講演会の趣旨について、倒産法制度が民事訴訟法等の特別法として、どのような規範構造を有するかを検討するものでして、倒産状態にある債務者の財産を保全し、管財人等において破産財団を増殖させ、迅速かつ平等に配当を行うという法の目的を達成するために、平時の法律関係が、どのような要件の下で、どのように変容されるかを踏まえ、要件事実的な分析を行うものと理解しております。以上を前提にコメントを試みたいと思います。なお、花房先生の担保法改正に関するご報告につきましては、ご報告の通り倒産法制に大きく関わるものでありますが、その一方で金融担保実務の状況に大きく影響されるもので、担保権を専門的に扱う部署での経験がなく、また法制審議会審議中の立法中のものでありますので、必要な範囲で触れるに留めたいと思います。また、木村先生のコメントにおかれては、各先生方の講演について要件事実的に分析されておられますので、これに対する若干の考察も加えたいと思っております。なお、要件事実の検討にあたっては、基本的には伊藤滋夫先生が提唱されている、裁判規範としての民法説に依って検討しております。

3　倒産手続関係訴訟における要件事実

　では、倒産手続関係訴訟における要件事実です。まず破産手続が関係する訴訟として、典型的には破産管財人が当事者となって、財団に関する法律関係について処理を行う場面が想定されるかと思います。こうした場合の要件事実について、まず検討したいと思います。

　破産法80条によりますと、破産財団に関する当事者適格は破産管財人にあることになります。31条1項によると、破産管財人は開始決定の同時処分として裁判所に選任され、34条によると、破産財団とは、破産手続開始決定当時に破産者が有する一切の財産および開始前に生じた原因に基づいて行うことがある将来の請求権とされています。そして78条2項によると、破産管財人が訴えを

提起する場合、原則として裁判所の許可を得なければならないとされています。したがって、破産管財人が訴訟においてある権利を行使する場合、原則としては、①破産者について破産手続開始決定がされたこと、②原告を破産管財人に選任する決定がされたこと、③訴訟物たる権利関係が法34条1項または2項所定の時期・内容で成立したことに関するその発生原因事実。④裁判所から78条2項10号の許可を受けたことを主張立証する必要があり、これらは訴訟担当である破産管財人の当事者適格ないし訴えの適法性を基礎づける事実として請求原因において主張立証すべきものと考えられます。

　もっとも③の事実のうち、訴訟物たる権利関係そのものの発生原因事実が欠ける場合には請求棄却の判決がされることになるかと思います。また④の許可につきましては、先ほど木村先生のコメントで、これが訴訟要件になるかどうかについては見解が分かれるとご紹介頂きましたが、破産法上、必要な許可のない訴え提起は無効とされているところ、これが訴訟要件でないと解すると、破産手続上は無効であるが民事訴訟手続としては適法、有効であるという状態が生じることになりそうですが、そのような状態を是認する必要が通常はあまり考えられないですし、不備が是正されないものについては、裁判所としては速やかに却下することができると考えた方が訴訟経済に適うことから、訴訟要件であると解すべきと思っているところです。もっとも実務上、通常は訴え提起とともに、その許可を証する書面が添付されていて、黙示にその旨の主張があると扱われているのではないかと思います。否認権の場合については後ほど説明いたします。

4　平時実体法に基づく法律効果の倒産手続における受容と変容について

(1) 倒産法的公序の理論等の訴訟における取り入れ方

　次に、平時実体法に基づく法律効果の倒産手続における受容と変容についてです。山本先生から平時と破産状態の法律効果の受容、変容について、倒産法的再構成理論と倒産法的公序論が紹介され、倒産解除特約や弁済禁止の保全処分等を、債務不履行解除を例に挙げて検討が加えられ、平成29年の改正債権法のもとで、原則としては法定解除の要件を満たす場合には解除権が発生し、例

外的に、その解除権の行使が倒産法的公序に反する場合には、権利濫用にあたり得るのだという見解がご紹介されました。

　まず一般論として、倒産法的再構成の理論ですとか倒産法的公序の理論は、それ自体として明文の規定がありませんので、各法律要件の解釈や一般条項の解釈適用の中で、それらの趣旨を斟酌することになるのではないかと思います。特に、一裁判官として具体的に法を適用しようとする場面を想起しますと、実体法上は有効であるとしつつ、倒産手続きとの関係では無効であるという特殊な状態を、明文の規定なく受容するのは難しいのではないかと思うところです。

　そうした観点からすると、まず倒産解除特約に基づく解除の効力ですけれども、これが否定されるとすると、基本的には、それ自体が公序良俗に反するものと主張されることになると思います。これは判例法理の通りかなと思いますが。この点は花房先生のご報告の倒産手続開始申立特約が立法化されることで、一定の解決が図られるものではないかと理解いたしました。

(2) 弁済禁止の保全処分と債務不履行解除

　次に弁済禁止の保全処分の関係です。山本先生のご見解のように権利濫用と構成した場合には、木村先生のコメントにもありましたとおり、理論的には当該事案において解除権の行使が権利濫用に当たることの評価根拠、評価障害事実が主張できることになりそうで、事案によって解除の可否が変わることになる可能性があるかなと思います。

　しかし、倒産法は弁済禁止の保全処分によって債務者の財産の流出を食い止めつつ、別除権等を倒産手続内で当該債権者の保護を図り、利害を調整することを予定しているのではないかと思われることですとか、弁済禁止の保全処分から倒産手続開始決定等までの期間は、通常かなり短期間で、解除を行おうとする債権者が不当に不安定な地位に立たされるリスクは比較的小さくて、むしろ、その解除の可否について倒産手続と並行して訴訟が行われるほうが、デメリットが大きい場合もあるかもしれない。また、債権法改正による債務不履行解除の要件の変更が、弁済禁止の保全処分との関係を意識したものであるのかどうかは改めて検討して、ケースバイケースで結論を変えることが良いのかど

うかについて、さらに検討をしてみたいと感じたところです。

5　否認の局面における要件事実

⑴　支払不能の要件について

　次に否認の局面の話です。否認の局面について山本先生は破産法上、複数の場面で問題となる支払不能、支払停止、破産債権者を害すること、非義務行為性の各要件の分析をされておられます。支払不能の要件について前提として、これが評価的要件なのか、事実的要件なのか検討したいと思います。ある命題が事実か評価については、その事柄について各人が共通のイメージを持つことができるか否かによる、というのが伊藤滋夫先生の見解です。この見解に立った場合、支払不能とは、一般に金銭債務の支払をすることができない状態、すなわち継続的に資金繰りがつかない状態にあるかどうかは、弁済期にある債務総額と、その時点での流動資産の額を比較することに加えて、担保力ですとか事業価値に応じた流動性調達力とかも比較する必要がある場合もありえます。そうした事業価値等の算定評価方法は必ずしも一様ではないので、なかなか共通のイメージはつかず、支払不能は評価的な概念と考える余地もあるのではないかと思っております。

⑵　支払不能の要件の局面に応じた差異

　そうした支払不能の要件の局面に応じた差異について、山本先生は、判断される場面によって差異が生じるのではないかというご指摘をしておられます。確かに、申立て段階ですとか否認請求の段階と訴訟の段階とかですと、手続や当事者も異なりますので証拠資料等にも差異が生じます。ですので、おのずから主張、立証ないし認定可能な評価根拠事実は異なるものと思います。これに対し判断基準そのものが異なるかについては、支払不能要件は、責任財産も総債権者に公平に分配すべき状態にあるかどうかという問題と思われますので、基本的には同一のものと感じているところです。ただ各条文の制度趣旨によって、個別債権者との関係において、リスク転嫁の正当性の観点が取り入れられるかどうかという示唆が得られたように感じられたところです。

⑶ 偏波行為否認における「非義務行為」

　続きまして、偏頗行為否認における非義務行為です。これについて、また詳細な分析をご報告いただきました。法の規定を見ますと、当該偏頗行為が内容または時期の点で非義務性が認められる場合には、162条1項1号2項2号では法律上の推定を経て、支払不能、支払停止、破産手続開始の申立てについての善意が抗弁事実となり、162条1項2号では詐害性の善意が但書に規定されています。この162条1項2号の但書の要件の主張立証責任の分配について、山本先生のご報告を踏まえ裁判規範としての民法説から検討を加えますと、ご報告いただいたような法の趣旨ですとか1号の規定ぶりとの対比からすると、時期や内容の点で非義務行為性が認められる行為は破産状態に陥る前でも、そのリスクを転嫁させるべきであり、その事実のみで原則として否認が認められるけれども、ただし例外として支払不能または、その可能性を認識していなかったものについては、そのリスクを転嫁することができないとの規範構造が伺えたところです。

⑷ 破産法162条1項に基づく否認請求訴訟の要件事実

　木村先生におかれては、このうち破産管財人が破産法162条1項に基づく否認権を行使し、弁済金返還請求を行う場合の要件事実について分析がされておりますので、これについての検討を加えたいと思います。まず否認権は173条1項によりますと、訴え等によって行使するものとされておりますが、その訴訟物については民法上の詐害行為取消の場合と異なって、否認権の行使の結果生じる実体法上の権利であって、否認権の行使自体は攻撃防御方法となると考えられています。したがって、訴訟物は不当利得返還請求権等になり、請求の趣旨としても、金銭の支払命令を求めるもので足ります。そして否認権の行使については、167条1項によると、これによって法律効果が生じるものですので、意思表示の定義に当たり、否認権行使の意思表示を請求原因に掲げる必要があります。その他、破産管財人が原告となる場合の基本的な請求原因事実は、先に述べた通りです。ただし支払不能の具体的な日時を特定するのは通常極めて困難と思われますので、多くの場合は非義務行為の日から遅くとも30日以内に支払不能状態にあったことが主張立証の対象になる、そういう形になるのか

なと思います。

　次に抗弁に掲げられている内容のうち有害性についてです。これは不当性と合わせて否認の一般的な要件と考えらますが、先に述べたような法の趣旨からしますと、時期内容における非義務行為については破産状態前でもリスクを転嫁するのが原則と考えられることからしますと、木村先生のコメントのとおり、有害性の欠缺の評価根拠事実が抗弁に回るのではないかと解されます。現実的には、この点が争点になる際には管財人側から有害性の欠缺に関する評価障害事実がさらに積極的に主張されるかどうかといった訴訟態度等の弁論の全趣旨も含めて有害性の有無が検討され、その上で有害性に関する事実の認識ないし、その可能性の程度を基礎づける事実関係によって、債権者の善意を明らかにすることになると思われます。

6　相殺禁止が問題となる場合の要件事実（特に専相殺共用目的）について

⑴ 破産法71条2項2号前段の「専ら」要件の解釈論及び要件事実

　そして、相殺禁止です。飯尾先生は、破産法71条1項2号前段の、もっぱら要件、専相殺供用目的の点について解釈論として、もっぱら破産債権をもってする相殺に供する目的で財産処分契約をするという要件は、債権回収を主要な目的としてされた場合だとされた上で、そのような目的は客観的な事実関係から認定されるべきであるとされています。

　そこで、まず相殺禁止が問題となる場合の要件事実について考えてみます。これについて木村先生は、破産管財人が金融機関に対してする預金払戻請求訴訟において、相殺禁止が問題となる場合の要件事実について、分析を加えられています。倒産手続関係訴訟における基本的な要件事実は先に述べた通りで、これに付加して述べますと、預金契約（消費寄託契約）において、弁済期の定めは本質的な要素ではありませんので、請求原因事実としては消費寄託契約の成立および金銭の預け入れとなり、その消費寄託契約の内容が定期預金等期限付きであることが主張上明らかな場合には、さらに弁済期の定め及びその到来等の主張が必要となります。

　そして相殺の抗弁については、破産法71条の各要件の主張立証責任の分配が

一応、問題になると思います。破産法は、67条1項において、破産手続開始時に債務負担をしている場合には破産手続外での相殺を認める旨規定して相殺の担保的機能を尊重しつつ、71条で、その例外を定めています。こうした規範構造からすると、71条1項2号以下にあたる事実は管財人が主張立証すべきと考えられます。したがいまして、木村先生のコメントの抗弁①は、破産手続開始決定に先立つことを主張立証する必要があるのかなと思います。このようにして登場する相殺禁止の再抗弁については71条1項2号前段の要件のうち、財産処分契約が専相殺供用目的であることについて、要件事実論的に検討することになります。

(2) 専相殺供用目的が評価的要件である場合の判断の仕方

　まず、この要件が事実的要件か評価的要件かを検討します。条文の文言をそのまま見ると、主観的に、その目的のみであったと共通のイメージができそうではあります。しかし、飯尾先生のご報告の通り、この要件の実体法的な解釈を、複数の目的の中で債権回収は主要な目的であることとした場合には、この内容について共通イメージを持つのは難しいと思いますので、評価的要件と解することもできそうです。そして、この専ら要件を文理通り理解すると死文化することとか、偏頗行為否認の潜脱を防止する趣旨の規定で、その要件もできる限り、他の同じような条文と同じように要件を解するべきであると解しますと飯尾先生のように、主要目的と解釈することも可能と思われます。

　そして、このような理解に立った場合の要件事実的な、専相殺供用目的に関する要件事実的な規範構造は、基本的には木村先生のコメントの整理のとおりと思います。その上で、この専相殺供用目的についての判断の仕方ですけれども、その評価根拠事実、評価障害事実が何になるかですが、これまで述べたような解釈論からしますと、飯尾先生のご報告にあった契約と相殺との時間的接着性、相殺権行使を確実なものとするための措置がとられている事実、当該契約が通常の契約と乖離していることに関する事実は、債権回収目的の程度が強いことを伺わせるものと思います。また伊藤眞先生の挙げられる当該契約の経済的不合理性に関する事実も同様で、これらおよび反対方向の評価障害事実を総合考慮して、債権回収が主要目的と評価することができるかが判断されるこ

とになると思います。

　いずれにしても専相殺供用目的について、主観面を直接認定できる証拠がある場合に限らず、客観的な事情のみで認定し得るものであることは、他の主観的要件と同様と思います。そして債権回収が主要目的という意味での専相殺供用目的があるとの評価は、他の要件と独立した事情のみから認定するものでもなくて、事案によっては支払不能に対する悪意を認めるべき事実が、同時に専相殺供用目的があると評価すべき方向に働く事由になることもあるし、その逆もあると思います。

7　おわりに

　今回ご報告いただいた各報告からも明らかなとおり、倒産法制度は、ひとたび債務者が破産状態に陥った後は、その責任財産を散逸しないように、できる限り固定化した上で、破産財団を増殖させて、迅速かつ公平に配当することを目的としているものだと思います。民事裁判の IT 化を契機として、さらなる迅速化が指向される中で、破産事件は特に、類型的に迅速な解決が求められるものであり、そうすると、要件事実を解明して審理にメリハリをつけて、また予測可能性を高める需要は高いのではないかと思います。

　倒産関係訴訟においては、要件事実、立証対象事実が何かを明らかにするにあたっては、評価根拠事実が問題になる場合は特に、その評価根拠事実を総合して表されるべき法的判断や、そうした規範の正当性や、その論拠は、法の改正経緯を踏まえた趣旨目的であるとか、倒産法が予定する運用の仕方なども含めて、明確かつ十分に示して説明することが求められるものと思われます。また、このことは花房先生のご報告にあったような担保法実務や担保法改正の立法事実についても同様と思われます。この論拠を説明するにあたっては倒産法が、その目的を達成するために様々な制度が組み合わさって、また管財人等が運用上の工夫を凝らすことも法の予定するところだということを踏まえなければならず、特に後者の運用面については、それ自体は主張立証責任の対象事実になるわけではありませんが、倒産事件に接する機会が少ない裁判官にとって、どういう運用がされているのかを判断の基礎事情にするのは困難ですので、倒

産訴訟の実務においては、いわゆる論証責任として、当事者から積極的な説明や文献等の提出が求められると思っております。

　以上、雑駁ですけれども私からのコメントとさせていただきます。

　田村　毛受先生、大変にありがとうございました。

　それでは質疑応答に入ります前に、講師の先生方でコメントを受けて申し上げたいということもあるかもしれませんので、さほど時間は多くは取れないのですが、何かリプライしたいということがございましたら、ご発言をお願いしたいと思います。まずは山本先生からお願いいたします。

　山本　ありがとうございます。本日の私の報告にあたりましては、事前の準備段階における他の報告者やコメンテーターの先生方との議論を通じて、要件事実論的な観点からの問題の捉え方について、多くのご示唆をいただくとともに、コメントを通じて評価根拠事実や評価障害事実としての割り付けについて整理・敷衍していただき、あるいは疑問点をご指摘いただくなど、大変、勉強させていただきました。この場をお借りして改めてお礼申し上げさせていただきます。

　木村先生、そして毛受判事からコメントいただいた内容は、いずれも示唆に富むものでありますが、内容・範囲とも多岐にわたるため、ごく簡単に何点かについてのみ触れさせていただければと存じます。

　まず木村先生のコメントレジュメの５頁、および脚注10（本書166頁）で、権利濫用の評価障害事実として、「相手方の重大な損害の発生」を挙げていただき、その具体的内容として民事再生法85条２項や会社更生法47条２項の中小企業者等に該当する場合がこれにあたり得るのではとのご指摘をいただきました。この点につきましては、木村先生からもご紹介がありましたとおり、準備段階における意見交換では、評価根拠事実についての主張の中で権利濫用が基礎づけられるかに尽きるので、それに対する評価障害事実についても抗弁の中で一緒に検討されるというように考えておりました。そのため、例として挙げていただいた民再85条２項や会更47条２項の中小企業者等についても、原則的には、その該当性の判断は手続開始決定後に裁判所による弁済許可の際になされるも

のであり、そのような事由があれば、保全段階では保全処分の一部解除を主張すれば足りると考えていたところです。

　しかしながら改めて考えてみますと、例えそうだとしても理論的にはご指摘の通り、かかる事由は、評価根拠事実と両立しつつ権利濫用を否定するという方向に働く評価障害事由となり得るところであり、また再抗弁として主張することは排除されるところではないと認識を改めさせていただきました。この点は毛受判事にもご指摘いただいたところでもあり、ご指摘のとおりかと存じます。

　他方、木村先生のコメントレジュメの５頁、および脚注11（本書166頁）において、破産法30条１項２号による「不当な目的による申立て」についても評価障害事実として挙げていただいたのですが、こちらについては、そうした事実があると判断されるのであれば、そもそも破産手続の開始申立てが棄却されるので、理論的には評価障害事実として位置付けられるとしても、実際には、その段階で申立てが棄却されて保全処分も効力を失うということになるので、開始決定との関係では濫用的申立てではないが、解除権行使との関係では濫用的申立てとして権利濫用の障害事由となるという判断というものは、事実上は生じ得ないのではないかとも考えるところです。

　つづきまして、毛受判事からのコメントでは、解除権の発生を認めつつ、その行使を権利濫用として制約するという私見について、事案によって解除が認められる場合と、そうでない場合があることになることに関し、平成29年の債権法改正において債務者の帰責性を解除の要件から除外するにあたり、保全処分の場面ないし倒産の場面との関係についても意識されていたかどうかということも踏まえ、改めて検討してみる必要性についてご指摘いただいたかと存じます。まず、債権法改正における議論についてですが、法制審の議事録、および法制審の幹事されていた先生の書かれた論文などを私が調べた限りでは、立法にあたってはもっぱら平時のことを念頭に議論がされており、倒産の場面における影響については、資料から分かる範囲では法制審において議論された形跡は認められませんでした。また、ケースバイケースで結論が変わるという点についてですが、ご指摘のとおり、まさに個々の事案毎に解除の可否が分かれ得るということになりますと、法的安定性の観点からも、裁判所の負担という

観点からも問題があるところですが、本報告においても申し上げさせていただいたとおり、ある程度の類型的な判断は可能であり、むしろ特段の事情があるような場合に、状況に即した妥当な結論を導き出す余地を残すことにつながるのではないかと考えているところです。

　併せて弁済禁止の保全処分から倒産手続開始決定までの期間は短いため、その間に、解除の可否をめぐる訴訟が倒産手続と並行して行われることの意義についてもご指摘をいただいたかと存じます。この点につきましては、解除あるいは解除権の行使というものが有効であるかどうかは、訴訟による判断自体はたとえ事後的にされるとしても、担保権の実行だとか取戻権の行使としての目的物の引上げが正当化されるかという問題に関わるため、その前提となる解除の可否について明らかにする必要があるのではないのかと考えたところです。特にファイナンス・リースのように解除の意思表示、すなわち、いわゆる利用権説によれば、利用権の引上げの意思表示によって瞬時に担保権実行が完了してしまうような場合には、担保権実行中止命令等によって対応する時間的余裕がないため、担保権実行の前提、あるいは担保権実行それ自体としての解除権行使の許否について、最終的には訴訟により明らかにしておく必要がある場合があり得るのではないかと考えるところです。

　また、非義務行為の否認との関係で、時期や内容の点で非義務性が認められる行為は破産状態に陥る前でも、否認リスクを負担させるべきであって、その事実のみで原則として否認が認められ、ただし例外として支払不能または、その可能性を認識していなかったものについてはリスクを転嫁させることができないという規範構造を毛受判事からご指摘いただきました。

　これに関し、若干混乱しやすい点であるため、期限前弁済の否認について判断した大阪高裁の平成30年12月20日判決や、それ対する評釈等において用いられている「破産リスクの転嫁」という用語について補足をさせていただければと存じます。こちらで用いられている「破産リスクの転嫁」という概念は、否認されるリスク（否認リスク）を意味しているのではなく、破産手続が開始することによって債権の回収ができなくなるリスクを他の債権者に転嫁することにより自己の債権の満足を図ることを意味しており、判例や多数説は期限前弁済については常にそのような破産リスクの転嫁が生ずるとして、この点に有害

性を見いだし、支払不能前30日以内にされた繰上弁済は常に162条１項２号の否認対象となるとしております。これに対し、私は、本来の弁済期が支払停止前であって、つまり否認の潜脱には当たらないケースであって、かつ弁済順序の入れ替えが生じていないような場合には、かかる意味の破産リスクの転嫁は認められないとして、なお否認を免れると考えたところになります。

　若干、説明が分かりにくい点でしたので、コメントをいただいたところに関連して補足をさせていただきました。また、その他にも大変貴重なコメントをいただきましたが、時間の関係もございますので、ひとまず私の方からのリプライにつきましては、以上とさせていただきます。貴重なご指摘をいただき、ありがとうございました。

　田村　ありがとうございます。それでは飯尾先生、お願いいたします。

　飯尾　木村先生、毛受判事、コメントありがとうございました。事前準備の際も含めて大変、勉強になりました。大きくわけて２点コメントいたします。
　まず、目的要件の要件事実に関してです。

　目的要件の認定に関して、評価根拠事実、間接事実の関係をどのように整理し、どうやって認定していくのかのところで、総合的に諸事情を考慮していくべきというご指摘は、その通りだろうなと思います。私も別に認定の根拠とする事実を限定することが必要だと考えているわけではありません。
　次に、客観的な支払不能の認定や、破産債権者が契約締結当時、支払不能について悪意だったかどうかという点の認定は、もちろん目的要件の認定にも影響して、両者は、オーバーラップしてくるものだろうと思います。
　要件事実の理論的なところから考えると、目的要件の認定の中で間接事実なり評価根拠事実として、債務者が支払不能状態であったこととか、破産債権者が支払不能状態について悪意だったことを、間接事実や評価根拠事実として位置付けられるのかどうかという点は興味深い点です。
　これらの客観的支払不能、主観的支払不能という要件事実は、前段において目的要件とは別の要件事実なわけですけれども、そういったものが目的要件の

認定において、間接事実や評価根拠事実として取り込むことができるのかどうか、というようなところがご指摘があったところなんですけれども、考えてみると面白いところだなと思いました。

　また、客観的に債務者が支払不能ではないのに、専相殺供用目的が認定されるというのは、なかなか考えづらいとは思いますので、支払不能と目的要件は密接に関係していると考えております。

　ただ、裁判例の1や裁判例7は、客観的な支払不能状態や、破産債権者が支払不能について悪意だったのかを認定せずに、目的要件無しと認定して、相殺禁止とはならないと裁判しています。

　私としては、目的要件の有無の認定のわかりやすさという意味では、目的要件の認定の前提として、支払不能について評価しないといけないのではないのかな、と思われる場合もあるのではないかと思います[17]。

　次に設例1に関する支払不能について、木村先生と議論となっております。私としては、2月末日の時点で支払不能状態となったことが争いのないような形で設例を設定したつもりなのですが、木村先生からは、まだ頑張っている会社ではないかというご指摘がございました。私としては、支払不能状態は客観的要件なので、債務者が主観的に頑張っているかどうかというのは、あまり重視してはいけないところなのではないかなと思います。

　また、毛受判事から指摘があったように、責任財産を総債権者に公平に分配することが必要かどうかという点から支払不能状態かどうかを考えると、設例の事案では、2月末日の時点において、各債権者への弁済が、まだらになっている、すなわち弁済率が債権者によって変わってきてしまっています。すなわち、債務者が、弁済期が到来した債務を全部払えない状態になっていて、銀行には30パーセント払う、取引債権者のこの人には100パーセント、この人には

17―例えば裁判例7について「本判決は、『支払不能』の要件についての判断はしていない。」（金融・商事判例1666号28頁）、「本判決では、支払不能に関する判断はなされておらず、評価根拠・障害事実も十分に検討、摘示されていない。控訴審での解明が待たれる。」（新・判例解説 Watch 倒産法 NO72（籠池信宏弁護士））と指摘されています。

０パーセントとか、まだらになってくる状態が始まったのが２月末日と考えると、支払不能を２月末日と認定できるのではないかと思われます。もちろん支払停止と支払不能状態が、このように分かれることによって分かりづらいとか、混乱が生じるといったことにはなりますが、そういった問題は支払不能、支払停止の概念や制度上やむを得ず発生してしまうものなのかなと思われます。

　では、その間、支払不能状態になった後、実際の倒産までの取引をどう考えるのか。有害性ですとか不当性の要件ですとか、主観的要件のところで保護される取引先というのが出てくるといったことになります。

　結局、相殺禁止のときの目的要件のように、専ら偏頗的な債権回収を目的としたようなところを中心に、管財人にとしては偏頗行為否認をしていくのが実情ではないでしょうか。

　破産管財人により、支払不能後の弁済の全部が全部否認されるわけではないというのが一般的なのかなとも思いますので、そういう意味では相殺禁止の目的要件というのと破産管財人の偏頗行為否認の行使の対象というものが、見え方として、オーバーラップとしてくる部分もあるのかなというふうには思いました。

　もちろん木村先生がおっしゃるように、事業継続中の会社、頑張っている会社が、支払不能状態ではないと争われるケースも十分に予想されるので、断定的なことは言いませんけれども、私からは以上のように思いました。以上でございます。

田村　飯尾先生、ありがとうございます。それでは花房先生、よろしくお願いいたします。

花房　お二人の先生、本当にいろいろとご指導ありがとうございました。私のほうからは時間もあと僅かなので、２つだけご質問させていただきます。

　木村先生の13頁（本書172頁）にお書きいただいた前提についてですが、請求原因、訴訟物で、担保権実行で所有権移転が起こることを前提に、それを取り戻そうという、このような前提かと思われます。しかし、今回の改正によって担保権実行手続が規定されることになりますが、そもそも譲渡担保権は処分清

算および帰属清算の両方ができると思うのです。そうすると帰属清算の前の段階、これから処分清算をしようと思うので別除権として扱われているときに、それに基づいて返してくれ、引き渡してくれよというときの大元の立て方というのは、今までは所有権移転構成で話が進むケースが多かったのですけれども、実際に担保権実行通知後に倒産手続が開始したときに、どのように請求を立てるのかなということが気になりました。

　もう1点は、先ほどお話ししましたように、これが集合動産譲渡担保のようなとき、通常の使用の範囲であるとか範囲でないということは、倒産手続との関係でも、抗弁などで出てくるのでしょうかということについてアドバイスいただければ、ありがたいです。

　田村　木村先生、お願いしてよろしいでしょうか。

　木村　ご質問の趣旨を正確に理解できているか分かりませんが、1つ目は倒産手続開始前に譲渡担保権の実行が終わっていた、その後、手続開始したときの請求の立て方、訴訟物の立て方がどうなるかということでしょうか。

　花房　そうですね。実行通知後、まだ清算が終わっていない段階ですと、実行通知で所有権が移転すると考えて、そうすると、そこから処分清算によって清算するという方法と、帰属清算によって清算金を払うという方法があって、その段階で所有権が自らにあるとはなかなか主張できないのではないかと思いました。そうすると所有権に基づく、つまり第三者に移転する前に所有権があると考えてよいのかと、そこが気になりました。売却受権権限は実体法上あります。

　田村　清算金等を払わないと所有権が移転しないのではないかといった問題でしょうか。

　花房　そうですね。担保権実行という観念をここに差し込むとすると、いわゆる形式所有権が実質所有権に移転したという構造だけではなくて、それは帰

属清算型ではそうなのですけれど、売却受権権限を持っていたということによって、処分して清算金を払おうとする段階で、担保権者が戻してくれよと請求する根拠は、所有権に基づくと言っていいのかなと。担保構成になったときに、その点が分からなくなったのでご質問しました。

　木村　整理が難しいところではありますが、要するに、処分清算をするために引き渡してくださいという請求は、どういう訴訟物として構成されるのかという問題でしょうか。

　花房　はい。別除権扱いはするわけですよね。

　木村　別除権でしょうね。担保的構成であれば、担保実行のための引渡請求権みたいなものを観念して請求するのか、所有権的構成で所有権としてやるのかという問題と整理できるようにも思いました。ただ、それに対する答えは、すみません、今の時点ではよく分からないのですけれども、いかがでしょうか。

　田村　私も、よく分かりません。その点に関しては、いろいろな考え方があり得ると思っておりまして、また文献等があれば教えていただければ幸いです。
　もう1つの問題に関しては、いかがでしょうか。

　木村　もう1つは、通常の業務の範囲の問題が倒産手続上どう関係してくるかというご質問になりますかね。
　私のレジュメだと14頁（本書174～175頁）の中で、通常の事業の範囲のところで触れさせていただいておりまして、これもおそらく評価的というものになるのではないかなと。「通常」とは何ですかと、どういう要素から認定していくのですかという意味では評価的要件なのかなと理解しました。これが倒産手続とどう絡んでくるかという意味では、私が示している要件事実案の中には倒産手続は登場してきていない形になりますね。
　別除権としての権利の範囲内に入っているのかどうかなど、争点の一環として、もしかしたら、この通常の事業の範囲の要件が登場するということもあり

うるのかなという感触です。

　田村　おそらく評価的な要件であるということに関しては、そうなのではないかと思っております。この場合、担保権者から、例えば、債務者ではなくて、目的物を取得したという第三者が被告になっている場合が多いと思いますので、そうすると倒産というのは出てこないかなとも思いました。

　花房　第三者の方が抗弁として、通常の範囲という主張をするということになりますのでしょうか。

　田村　そうですね。その場合に関しては、担保権者ですので、担保権者のほうが通常の範囲外だと主張してくるということになりますかね。

　花房　逆にはならないでしょうか。目的物、場所、量的範囲で定めているところから搬出してしまうわけですよね、集合動産を。そのときというのは、原則が取り返せるので、通常の範囲内の取得だと主張するというわけではないでしょうか。

　田村　基本的には売買契約を締結しました、それで取得しました、という形でよいのではないでしょうか。

　花房　そちらのほうが先になるわけですね。分かりました。

［質疑応答］

　田村　続きまして、聴講者の先生方から質疑応答があれば、質問を受け付けたいと思っております。質問がおありの方はミュートを外していただきまして、お答えを求められる方のお名前をおっしゃっていただければと思います。

　青木和久　東京弁護士会の青木と申します。山本先生にご説明いただいた箇

所に関係するところなので、山本先生と、毛受裁判官や木村先生にもご意見をいただければ幸いです。破産法162条の偏頗行為否認との関係で、偏頗弁済の対象になった債権が非免責債権である場合、例えば当該債権が、破産者が悪意で加えた不法行為に基づく損害賠償請求権であるという場合に、弁済の対象になった債権が非免責債権だという事実は、偏頗行為否認の可否に影響するのか否かということと、影響するとした場合には要件事実における位置付けはどのように考えたら良いかという点につき、お考えをお聞かせいただければと思います。

田村 まず山本先生、お願いします。

山本 ご質問をいただき、ありがとうございます。また、毛受裁判官にも補足していただければと存じますが、さしあたり私の方からお答えさせていただきます。

まず、原則的には、非免責債権であっても、それは免責の効力が及ばないというだけであり、破産手続との関係では平等弁済に服する破産債権であることには変わりがない以上、非免責債権に対する弁済は特定の債権者に対する偏頗弁済にあたり、偏頗行為否認の対象になると思われます。ただ、非免責債権であるという事実を何らかの形で斟酌するとすれば、否認の一般的要件としての有害性の問題として、場合によっては有害性を欠くと考える余地があるかとも直感的には思ったところです。

しかし、たとえ非免責債権であっても、破産財団からの平等弁済に服するものであり、免責許可決定があったとしても、その後に自由財産から弁済を受け得るにとどまるということを考えると、非免責債権であるということをもって有害性が認められないということにはならず、偏頗行為否認の要件を満たす限りは否認の対象となるというのが原則ではないのか、と考えております。いかがでしょうか。

毛受 山本先生と全く同じで、仮に考慮されるとしたら有害性だとは思うのですが、非免責債権は、免責手続が終わっても、まだ免責されないというだけ

で、破産財団との関係での平等弁済の要請は基本的には変わらないはずです。したがって、それが破産手続上も優先性を持つ優先的破産債権に当たる等でない限りは、否認との関係で免責債権であることを理由に有害性がないということは、原則としてはないのではないかと思います。

　青木　これは、例えば162条１項２号との関係で、同条号の義務に属しないという要件に関わってくるという考え方はできるのでしょうか。

　山本　162条１項２号の対象となる非義務行為は、行為自体の非義務行為と時期における非義務行為とされています。そうしますと非免責債権だからといって、約定もないのに担保を付けてあげたり、繰上弁済をした等の事情がない限りは、同号にいう非義務行為にはあたらないため、この規定の適用は問題とならないと考えております。

　青木　ありがとうございます。

　木村　若干の感想ですけれど、優先債権に対する弁済であれば、偏頗行為否認が成立しないのではないかという問題意識から出たご質問ということでよろしいでしょうか。

　青木　例えば、会社のお金を使い込みされてしまったケースで、使い込みをした人が自己破産する可能性があるという場合に、その使い込み金の弁済を受ける場合の債権は、悪意で加えた不法行為に基づく損害賠償請求権として非免責債権に当たる（253条１項２号）と思われます。その場合に、弁済を受け取ってよいか、受け取った後になって否認をされると困るということで、少し頭を悩ませたことがございまして、そういう関係で質問させていただいた次第です。

　木村　やはり詐害行為否認の要件としては、非免責債権であるというのは、考慮事情ではなくて、有害性がなくなる要素とはならないという理解をしました。

　青木　有害性の要件の話はあり得るけれども、基本的には、偏頗行為否認との関係では先ほどのケースで弁済を受け取った場合、弁済時に支払不能状態になっていたことが立証されてしまえば、否認の可能性があるという理解でよろしいですか。

　木村　詳しい事情は分かりませんが、基本的にその事実関係ではそうかなと私は思っています。

　田村　他にもご質問ございましたらと思いますが、よろしいでしょうか。特にご質問がないようでしたら、時間も過ぎておりますので、これで質疑応答を終了したいと思います。
　それでは最後に、島田新一郎本学法科大学院研究科長より挨拶があります。

［閉会の挨拶］

　島田新一郎　本日はご多忙の中、多くの研究者、また実務家の先生方が、この講演会に参加してくださったことに心から感謝し、御礼を申し上げる次第です。本当にありがとうございました。
　本日は早稲田大学大学院法務研究科教授の山本研先生、第二東京弁護士会の飯尾拓先生、そして本学法科大学院教授の花房博文先生をお迎えして、ご講演をしていただきました。また大阪弁護士会からは木村真也先生、そして那覇地方裁判所の石垣支部の裁判官である毛受裕介先生を、それぞれお迎えして非常に貴重なコメントを頂戴いたしました。いずれも倒産法分野の研究と実務を力強く牽引する高名な先生方をお迎えして、このような充実した素晴らしい講演会を開催できましたことは、創価大学法科大学院にとって大変名誉なことであり、また研究科長として、これ以上嬉しいことはございません。ご担当してくださいました先生方に衷心より御礼を申し上げたいと思います。本当にありがとうございました。
　要件事実教育研究所として倒産法を取り上げるのは、今回が初めてでしたが、

昨今の非常に複雑で不安定な社会状況を見るとき、利害が鋭く対立する倒産処理を公正かつ適切に実践しながら、また関係する人々を救済し蘇生させていくという、この倒産法の役割というのは、今後ますます重要なものになると考えております。本日の講演会が倒産法分野における議論を、より進化させていく1つの契機となるものであり、また我が国の司法制度の発展において大きな財産となることを確信するものであります。

　最後に報道等で皆様お聞きおよびのことと思いますが、本学の創立者である池田大作先生が、ちょうど10日前の11月15日に95歳でご逝去されました。私自身は本当に言葉にできない喪失感を感じているところではありますが、創立者からは法科大学院と、この要件事実教育研究所に対して、2004年の開設以来、本当に格別の期待を寄せていただき、また多くのご支援をいただいてまいりましたので、この場をお借りして、研究科長の職にあるものとして心からの感謝を申し上げるとともに、衷心より哀悼の意を表したいと思います。

　今後とも要件事実教育研究所の活動に、ご理解とご協力をいただきますよう心からお願いを申し上げまして、簡単ではございますが閉会の挨拶とさせていただきます。本日は本当にありがとうございました。

　　田村　本日は長時間、大変にありがとうございました。講演会を終了します。

講演レジュメ

山本　　研

飯尾　　拓

花房　博文

講演1レジュメ

倒産法における平時実体関係の受容と変容、および否認の局面等における要件事実に関する若干の検討

山本　研

はじめに

1　平時実体法と倒産法
──平時実体法に基づく法律効果の倒産手続における受容と変容

⑴　近時の議論──「倒産法的再構成」の理論、「倒産法的公序」に関する議論の概観

（i）「倒産法的再構成」の理論[1]

　→倒産法による実体関係の変動を「倒産法的再構成」という観念に基づき、統一的に説明しようとするもの

　　　↓

　・倒産法的再構成：「資産価値を最大限のものとしてそれを利害関係人に配分しようとする制度の目的を実現し、また破産債権者その他の利害関係人間の公平を回復するために、利害関係

1─伊藤眞「証券化と倒産法理─破産隔離と倒産法的再構成の意義と限界（上）・（下）」金法1657号6頁、1658号82頁（2002）。

人の権利義務が変更ないし修正され……その本来のもの
と異なった内容のものとして扱われること」
※倒産法的再構成の正当化根拠：手続目的の実現・利害関係人間の公平の
回復

〔倒産法的再構成の基本原理－倒産法的再構成がなされる場面〕[2]

①一定の法律行為の形式がとられているにもかかわらず、その結果として成
立する権利義務が、実体とは異なったものとなっており、かつ、法形式通
りの権利義務を認めることが、破産債権者や更生債権者などの合理的期待
を裏切る結果となる場合には、法形式による権利義務とは異なる倒産法的
再構成がなされる可能性がある（→法律行為により発生する権利義務の再構
成）

②ある法形式を認めることが破産や会社更生手続の規定を回避または潜脱す
る結果となり、手続の目的実現を妨げるものとみなされるときには、やは
り倒産法的再構成の対象となり、法形式通りの法律効果の発生が否定され
ることがある（→法律行為により発生する法律効果の否定）

cf. 倒産法的再構成の合理的限界

　　→契約の相手方など利害関係人の権利との公平を害しないか、および同
　　　様の目的を達成するために設けられている他の制度（否認制度等）との
　　　関係を考慮する必要

(ⅱ)「『倒産法的再構成』の再構成」に関する議論[3]――倒産法的公序論を中
心として

→倒産法的再構成の理論の基本的方向性に賛同しつつ、倒産の局面における
　実体関係の変容のすべてを「倒産法的再構成」により説明することは困難
　であるとの問題意識に基づき、問題となる局面に応じ、実体法的再構成、
　実体法と倒産法の法概念の相対性、倒産法的公序の３つの観点からとらえ

2－伊藤・前掲注(1)金法1658号84頁。
3－山本和彦「倒産手続における法律行為の効果の変容―『倒産法的再構成』の再構成を目指して」
　伊藤眞先生古稀祝賀論文集『民事手続の現代的使命』1181頁（有斐閣、2015）。

直す形で再構成（「倒産法的再構成」の再構成）

〔伊藤教授があげる①の局面（→法律行為により発生する権利義務の再構成）〕

・倒産手続においても実体法的性質決定の結果は基本的にそのまま尊重されるのが原則であり、実体法上の性質決定と倒産手続における性質決定を異なるものとすることは法解釈として正当性を欠く

・この局面での倒産法的再構成理論については、法概念の相対性に依拠することはできるだけ避けつつ、なお当事者の採用した法形式とは異なる法的性質決定を導くとすれば、実体法的再構成の観点からの再構成が必要

〔伊藤教授があげる②の局面（→法律行為により発生する法律効果の否定）〕

・当該法律行為が倒産法秩序の観点からみて倒産債権者の利益に看過し難い不利益を生じる場合であって、かつ、そのことを契約当事者が合理的に予測できたときには、それは倒産法的公序に反する法律行為として無効となる

「できる限りで実体法的再構成を志向し、法概念の相対性に依拠することは避けながら、そのような試みに限界がある場合には、むしろ正面から倒産法上の強行規定、すなわち倒産法的公序の問題として当該法律行為の効力を問題にするのが王道」[4]

(iii)当事者の法律行為（合意）の効力をめぐる上記理論からの検討
　　——倒産解除特約の効力[5]を例として

① 倒産法的再構成の理論からの検討

---

4 —山本・前掲注(3)1190頁。

5 —判例は、少なくとも再建型手続との関係では、倒産解除特約の効力を否定する。最判昭和57年3月30日民集36巻3号484頁（会社更生における所有権留保売買）、最判平成20年12月16日民集62巻10号2561頁（民事再生におけるファイナンス・リース契約）参照。

→破産条項（倒産解除特約）が実体法上有効であることを前提としつつ、担保権についての権利行使の制約や、管財人の契約解除に関する選択権保障など、会社更生または破産手続の基本的目的を損なうものとして、倒産手続との関係では効力が否定されるという形で倒産法的再構成がされるとする

② 倒産法的公序の理論からの検討

→倒産解除特約については、当事者の合意内容を法的に別途評価するという問題ではなく（実体法的にも再構成の余地はなく）、当該合意は合意として認めながら、その効力を倒産法的公序に反するものとして強行法的に否定するかどうかという観点から再構成を図り、（倒産法的）公序に反するとしてその効力を否定する

⑵　実体法上の法律効果の変容（制約）に関する若干の検討

――弁済禁止の保全処分と債務不履行解除を例として

〔倒産法的再構成や倒産法的公序に関する議論〕

→倒産手続開始前になされた当事者の法律行為（合意）の効力を検討対象

↓

実体法が規定する法律効果の発生に関する問題についてどのように解すべきか？

ex. 弁済禁止の保全処分発令後の弁済拒絶に基づく契約解除の可否

↓

・弁済禁止の保全処分発令後は、弁済をしないことにつき、履行遅滞の発生要件である債務者の帰責性を欠くとして、債務不履行解除を否定するのが従来の通説・判例[6]

〔平成29年民法（債権関係）改正の影響〕

契約解除にあたり債務者の帰責性が不要であるとされ、債務不履行があれば債務者に帰責事由がない場合にも債権者は契約の解除をすることができることとなったため（民541条・542条）、弁済禁止の保全処分により弁済を拒絶し

---

6 ―最判昭和57年3月30日・前掲注(5)。

た場合には、債務者に帰責事由がないため債務不履行として契約を解除することはできないとしてきた従来の解釈論が妥当しないこととなる

cf. 学説上、違法性欠缺説[7]、催告不能説[8]が新たに提唱（←解除要件充足性の観点）

〔倒産法的再構成ないし倒産法的公序に関する議論からの示唆に基づく試論〕[9]

・新しい契約解除法制下における法定解除権の発生要件については、現段階においてその実体法的再構成を検討すべき問題とはいえず、法定解除権の発生要件を満たす以上、倒産手続との関係でも解除権の発生という効果が原則として認められる

・解除権の行使（行使の結果生ずる効力）が倒産法的公序に反する場合には、これを権利濫用と評価し、その行使について制約するとの解釈論による

R：平時実体法と倒産実体法との乖離を最小限に抑えるべく、法定解除権の発生自体は認めつつ、その行使について倒産法的公序に反するものとして権利濫用と評価することにより制約

cf. 解除権の行使について「権利濫用」との評価を導く評価根拠事実

→権利濫用との評価を導く倒産法的公序違反の内容について、各倒産手続の目的との関連の中で、解除権の行使を認めることが各倒産手続の制度趣旨・目的、あるいは、目的実現のために設けられている諸制度との関係で看過しがたい弊害を生じさせるかを基準に判断する見地から、評価根拠事実としては、かかる「看過しがたい弊害」を生じさせる事由が想定される

7─伊藤眞『破産法・民事再生法〔第5版〕』158頁（注172）（有斐閣、2022）。

8─加毛明「新しい契約解除法制と倒産法」事業再生研究機構編『新しい契約解除法制と倒産・再生手続』234頁（商事法務、2019）。

9─本試論は、さしあたり手続開始前の保全処分発令段階における債務不履行解除を検討対象とするものである。これに関連し、倒産手続開始後の債務不履行解除について、同様に考えることができるかが問題となる。これについては、債権者に対して個別的権利実行が禁止される手続開始後と、債務者を名宛人として弁済が禁止されるにとどまり、給付訴訟の提起や強制執行も許容されると一般に解されている手続開始前の保全処分の段階とを、直ちに同視することはできないことから、手続開始後の債務不履行解除の可否、および解除権を制約する場合の法律構成については、別途検討する必要があるため、今後の検討課題としたい。なお、改正民法下における、手続開始後の債務不履行解除の制約理論について論ずるものとして、加毛・前掲注(8)、および岩川隆嗣「倒産手続開始決定後における契約相手方の債務不履行解除権の成否」中島弘雅ほか編集代表『民法と破産法の交錯─債権法改正の及ぼす影響』577頁（2023、弘文堂）等がある。

(3) 近時の立法にみる平時実体法と倒産実体法の関係

(ⅰ)平成29年民法（債権関係）改正による詐害行為取消権に関する規律の整備

・詐害行為取消権（民424条以下）と否認権（破160条以下）の対応関係

　→平時と倒産時における同趣旨の制度としての対応関係

　→両制度の連続性・整合性の必要性

・平成16年の現行破産法制定による両制度の差異の拡大

　→平成16年の現行破産法の制定にあたり、倒産法においては、否認制度について行為類型を基準に規定が整備され、個々の否認の要件が明確化されたことにより、民法424条を中心とする単純な条文構成で、多くを解釈に委ねていた改正前民法における詐害行為取消権との差異拡大

cf. 否認権と詐害行為取消権の逆転現象の発生

〔平成29年民法改正〕

・詐害行為取消権について倒産法における否認に関する規律との平仄という観点も踏まえつつ検討が進められ、倒産法における否認権と同様に対象行為の類型を基準に詐害行為取消権の要件を定める形で規定が整備

　→詐害行為取消権と否認権について要件・効果の両面にわたる整合性の確保

cf. 転得者に対する詐害行為取消権の要件整備（民424条の５）を参考とした、転得者否認についての規定改正（破170）

※詐害行為取消権の成立要件の整備にあたり、倒産法における否認権に関する改正が先導的役割を果たすとともに、転得者に関する詐害行為取消権の改正が否認規定の新たなる改正をもたらすという相互作用

(ⅱ)担保法制の見直しにおける平時実体法と倒産法の連動性確保

従来：平時実体法と倒産法制は、原則としてそれぞれ別個の局面について規律

cf. 民法における倒産時を念頭に置いた規律は限定的（民631・642・653②etc.）

〔担保法制の見直し作業〕（→その個別的分析につき、花房報告参照）

・平時と倒産時における規律の一体化・連動性確保

　→新たな規定にかかる担保権について、平時における要件・効果のみなら

　ず、倒産時における処遇についても一体的に検討

※「平時」と「倒産時」の位置付けにつき、別々のルールが支配する独立した領域から、共通性をもったルールの下にある連続した局面への転換の契機？

2　倒産法における要件事実──否認の局面における要件事実を中心として

(1)　要件事実としての「支払不能」と「支払停止」

　(i)支払不能と支払停止の概念

　①支払不能

【破産法 2 条11項】

　この法律において「支払不能」とは、債務者が、支払能力を欠くために、その債務のうち弁済期にあるものにつき、一般的かつ継続的に弁済することができない状態……（中略）……をいう。

　　→財産状態の破綻を示す「客観的状態」（←各要素を踏まえた客観的・評価的認定）

　cf.・支払能力の欠乏：財産、信用、労務の三要素により判断[10]

　　　・弁済期にあるもの：債務不履行必要説（cf. 無理算段説）[11]vs 不要説

　②支払停止

　　弁済能力の欠乏のために弁済期が到来した債務を一般的かつ継続的に弁済することができない旨を外部に表示する債務者の行為[12]

　　→弁済できない旨を表明する「主観的行為」（←債務者の主観的行為に基づき認定）

　　ex. 明示的告知（債務者からの通知）、夜逃げ、手形不渡り（銀行取引停止処

10─東京高決昭和33年 7 月 5 日金法182号 3 頁。
11─東京地判平成19年 3 月29日金判1279号48頁、高松高判平成26年 5 月23日判時2275号49頁等。
12─最判昭和60年 2 月14日判時1149号159頁等参照。

　　分）etc.
(ii)支払不能と支払停止が機能する局面

〔破産手続開始決定段階〕：手続開始原因事実（破15条1項）と前提事実（同
　　　　　　　　　　　　条2項）

　　　　　　　　　　　　※客観的事実である支払不能の立証困難性の緩和

〔否認権の危機時期〕

　　・支払不能−偏頗行為否認の原則的危機時期（破162条1項1号）

　　・支払停止−詐害行為の危機否認の危機時期（破160条1項2号）、無償否
　　　認（破160条3項）、対抗要件否認（破164条）の危機時期、偏頗行為否認
　　　における支払不能を推定する前提事実（破162条3項）etc.

　　cf. 支払停止を要件とする否認の制限（破166条）

〔相殺禁止における危機時期〕

　　・支払不能−破71条1項2号（加重要件あり）、72条1項2号

　　・支払停止−破71条1項3号、72条1項3号

　　　　　　　　cf.「支払不能でなかったときは、この限りではない」

(iii)支払不能に関する要件充足性の判断−機能する局面に応じた相違

〔手続開始決定段階〕−手続開始決定持における客観的財産状態について
　　　　　　　　　　の判断

〔否認・相殺禁止の危機時期〕−手続開始決定前の一定の時期における財
　　　　　　　　　　　　　　産状態について回顧的・評価的に判断

→概念としては同一（同義）であるが、機能する局面の相違に応じて、要件
　充足性の判断・評価根拠事実については、自ずと差が生じざるを得ない？
　cf. 支払停止の場合

(iv)支払不能と支払停止の関係

①時系列的な位置付け

　　支払不能（客観的状態）→支払停止（外部表明）→開始申立て→開始決定

②手続開始決定の要件−手続開始原因と前提事実

　　支払停止（前提事実）−法律上の推定（破15条2項）→支払不能（手続開始

原因）

　　cf. 支払停止の持続性[13] − 持続性不要説（＝支払停止と支払不能の峻別）

　③平成16年破産法 − 否認および相殺禁止における支払不能基準の採用

┌　・偏頗行為否認における支払不能基準の採用（破162条 1 項 1 号）

│　　→債権者平等が要請される実質的危機時期としての支払不能（→否認対象

│　　　となる行為時期の前倒し）

│　・相殺禁止の範囲の拡張（支払不能後の債務負担・債権取得）（→飯尾報告参照）

└　　　　　　　　　　　　　　　　　　　（破71条 1 項 2 号・72条 1 項 2 号）

　　→実質的債権者平等が求められる時的基準としての「支払不能」

　④支払停止を要件とする否認の位置付け − 不確実な徴表による緩和された

　　要件？

　〔支払停止を要件とする否認の制限（破166条）〕

【破産法166条】

　破産手続開始の申立ての日から一年以上前にした行為（第百六十条第三項に規定する行為を除く。）は、支払の停止があった後にされたものであること又は支払の停止の事実を知っていたことを理由として否認することができない。

　　R：支払停止を要件とする否認における要件の緩和

　　　→受益者が緩和された要件の下で長期間否認のリスクを負うことは相当でない

　　cf.「支払の停止は、……支払不能の徴表事実として不確実な面がある……」[14]

　〔支払停止を要件とする否認の制限（破166条）の支払不能への類推適用の可否〕（札幌地判令和 3 年 7 月15日判タ1501号206頁）

13—支払停止につき二義的にとらえ（支払停止の二義性）、否認や相殺禁止の要件としての支払停止については持続性が必要とする見解として、青山善充「支払停止の意義及び機能」鈴木忠一・三ヶ月章監修『新・実務民事訴訟講座⒀』55頁（日本評論社、1981）参照。

14—小川秀樹編著『一問一答新しい破産法』234頁（商事法務、2004）。

「それ自体が破産手続開始原因となる支払不能と、その徴憑にとどまる支払停止とを、否認権行使の場面において当然に同一に取り扱うべきと」いえないとし、支払不能の場合への破産法166条の類推適用を否定

　　↓

支払停止と支払不能の関係		
主観的行為	←　→	客観的状態
立証の容易・明確性	←　→	立証の困難・評価的要素を含む
不確実な徴憑	←　→	財産破綻の確実な指標
緩和された要件？	←　→	本来的要件？

〈否認と相殺の局面における支払停止と支払不能の"ねじれ"〉

〔破産手続開始申立日より1年前の行為についての制限〕

　→否認（破166条）：支払停止を要件とする否認のみ制限（←不確実な徴憑）

　→相殺（破71条2項3号・72条2項3号）：支払停止と支払不能の区別なく制限

〔支払停止があったが支払不能でなかったときの適用除外〕

　→否認（破160条1項2号）：支払不能でなかったとしても否認は制限されない

　→相殺（破71条1項3号・72条1項3号）：相殺禁止の対象外（←緩和された要件）

〔支払不能を要件とする場合の加重要件〕

　→否認（破162条1項1号イ etc.）：加重要件に関する規定なし

　→相殺（破71条1項2号）：支払不能後の債務負担の場合に加重要件

　　　　　　　　　　　　　（←信用取引に対する萎縮効果排除＝不明確性）

→否認規定と相殺禁止規定の双方において、支払停止と支払不能がともに要件事実として用いられているが、両者の位置づけについてはかならずしも平仄がとれているとはいえず、"ねじれ"ともいえる不整合な関係性が認められる

(2)　「破産債権者を害すること」の二義性

　→詐害行為否認と偏頗行為否認の制度趣旨の相違に基づき、否認障害事由と

しての「破産債権者を害すること」について二義的に解する見解が一般的

【破産法160条 1 項 1 号】

　破産者が破産債権者を害することを知ってした行為。ただし、これによって利益を受けた者が、その行為の当時、破産債権者を害することを知らなかったときは、この限りでない。

・詐害行為否認における否認障害事由：責任財産の欠乏という観点から把握
　→「破産債権者を害すること」＝⎡・破産者の行為が責任財産減少につながること
　　　　　　　　　　　　　　　　　⎣・当該行為が実質的危機時期になされていること

【破産法162条 1 項 2 号】

　破産者の義務に属せず、又はその時期が破産者の義務に属しない行為であって、支払不能になる前三十日以内にされたもの。ただし、債権者がその行為の当時他の破産債権者を害することを知らなかったときは、この限りでない。

・支払不能前30日以内の非義務行為の否認の否認障害事由：偏頗行為否認の基礎である債権者平等を害する事実として把握
　→「破産債権者を害すること」＝支払不能の発生が蓋然性をもって予測される状態

(3)　否認の局面における「非義務行為性」の評価の相違

　→偏頗行為否認（破162条）においては、対象行為が非義務行為である場合には、証明責任の転換や、対象行為の時期の遡及という効果が認められているが、非義務行為の類型に応じて、その効果は異なる。

⎡①支払不能後または手続開始申立後になされた非義務行為（破162条 2 項 2 号）
　(a)行為自体の非義務行為、(b)時期における非義務行為、または(c)方法にお

ける非義務行為にあたる場合には、危機時期についての受益者の悪意の証明責任が転換

※(a)～(c)の非義務行為性は危機時期についての悪意の証明責任の転換を生じさせる

②支払不能前30日以内にされた非義務行為（破162条１項２号）

(a)行為自体の非義務行為、または(b)時期における非義務行為にあたるときには、支払不能基準の例外としてなお否認対象となし得る（上記(c)については支払不能前の行為は否認することができない）

※(a)と(b)の非義務行為性のみ、否認対象時期の遡及という効果を生じさせる

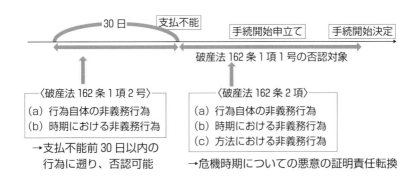

→破産法162条１項２号は、「非義務行為」というだけではなく、当該非義務行為につき、「破産リスクの現実的転嫁」（本来は破産手続による平等弁済に服することになっていたであろう債権者が、当該非義務行為により破産手続によらずに債権を回収することにより、かかる回収不能リスクを他の債権者に転嫁し、その満足の低下を招来させること）という有害性が認められる場合にはじめて、支払不能前30日以内の行為に遡り否認対象とする効果を生じさせると解される。そうすると、(a)行為自体の非義務行為と(b)時期における非義務行為については、原則的に破産リスクの現実的転嫁が観念できることから２号否認の対象となる。これに対し、(c)方法における非義務行為については、非義務行為性は認められるものの、破産リスクの現実的転嫁が定型的に認められるものではないことから、法162条１項２号否認の対象

　から一括して除外されていると解される[15]。

cf. 要件事実論としては、上記の「破産リスクの現実的転嫁がないこと」は、否認阻却事由（否認障害事由）としての「有害性の欠缺」の内容と位置付けられ、否認権行使にかかる請求原因の主張に対する抗弁として、受益者は破産リスクの現実的転嫁が生じない具体的事由（繰上弁済による弁済順序の入れ換えがないこと等）を主張することになる。

→他方、破産法162条2項2号の証明責任の転換については、本来行う必要がない行為を行うことにより特定の債権者の満足を図るという、非義務行為に共通する有害性（非義務的偏頗行為の有害性）に基づくものと理解され[16]、この点については、(a)〜(c)いずれの非義務行為についても妥当することから、(c)も含め、証明責任の転換を生じさせるものとされていると解される。

おわりに

15―詳細につき、山本研「時期に関する非義務行為（期限前弁済）の否認における有害性」本間靖規先生古稀祝賀記念論文集『手続保障論と現代民事手続法』985頁、1008頁以下（信山社、2022）参照。

16―山本和彦ほか『倒産法概説〔第2版補訂版〕』300頁〔沖野眞已〕（弘文堂、2015）は、この時期に非義務行為が行われるときは、受益者が破産者の危機時期について悪意である蓋然性が高いことに、証明責任の転換の根拠を求める。

講演2レジュメ

相殺禁止規定（破産法第 71 条第 1 項第 2 号前段）における「主張立証責任対象事実の決定基準」について

飯尾　拓

第1　破産法第 71 条 1 項 2 号前段

1　相殺の禁止

　新破産法は、債務者と破産債権者間の相殺に関し、破産債権者からみて受働債権となる債務の負担時期による相殺の制限（破産法第71条）と、同じく自働債権となる破産債権の取得時期による相殺の制限（破産法第72条）に関する条項を設けています。

　これらの規定はいずれも、破産債権者が相殺に対して正当な期待を有しているとはいえず、相殺を許容することが破産債権者の平等の理念に反すると考えられる場合について相殺を禁止したものです[1]。

　また、旧破産法の下においても、相殺の禁止の規定は、存在しておりました。旧破産法は、支払の停止または破産の申立てを基準として、それ以後の一定の相殺を禁止する規定を定めていましたが、新破産法は、相殺禁止の範囲を拡張し、一定の要件のもとに支払不能を基準とした相殺禁止が認められるようになりました[2]。

1—永谷典雄ほか編『破産・民事再生の実務（第 4 版）破産編』きんざい337頁。

2 破産法第71条1項2号前段の趣旨

破産法第72条1項2号前段は、債務者の支払不能後において、破産債権者が債務者の財産の処分を内容とする契約によって新たに債務を負担した場合において相殺を禁止するものです。

この点、支払不能後において、債務者が特定の債権者に対する既存債権について偏頗的に弁済したり、金銭で返済する代わりに在庫商品を引き渡して代物弁済をしたり、不動産に担保権を設定したりする行為は、債権者平等に反する偏頗行為として破産管財人の否認権行使の対象となります（破産法162条1項1号イ）。

一方で、債務者が支払不能後、その資産を特定の破産債権者に譲渡し、その代金が債務者に実際には支払われず、破産債権者の既存の破産債権と相殺された場合、実質的には債務者の資産の引き渡しにより債権を弁済する代物弁済と変わりがありません。

しかしながら、判例上、破産債権者が代金支払債務を既存債権と相殺したとしても、相殺は破産債権者による一方的意思表示であり、債務者の行為ではないため、債務者の行為を否認する否認権行使の対象とはならないと解されています。

そこで、破産法は、支払不能後において新たな債務負担をすることによる相殺が偏頗行為の否認を潜脱する手段として用いられかねないことから、これを破産法71条1項2号により、禁止することとしました[3]。

3 破産法第71条1項2号前段の主張立証が困難であること。

(1) 支払不能

破産法第71条1項2号前段は、客観的要件として「支払不能になった後に契約によって負担する債務」であったこと、主観的要件として破産債権者が「当該契約の締結の当時、支払不能であったことを知っていたとき。」の双方につ

2―小川秀樹編著『一問一答　新しい破産法』商事法務（以下「一問一答」という。）112頁。
3――一問一答115頁。

いて相殺禁止を主張する破産管財人が主張立証責任を負うことになります。

　主張立証が難しいとされる支払不能について、客観的要件に加え、主観的要件の主張立証責任を負うことになりますので、かなり、破産管財人においては荷が重い規定です[4]。

(2)　目的要件

　破産法第71条1項2号前段の要件事実の主張立証は、支払不能に関して、以上のように破産管財人において、容易ならざるものがあるわけですが、さらに、「契約によって負担する債務を専ら破産債権をもってする相殺に供する目的」（以下「目的要件」[5]という。）といった、専ら契約締結の目的が何かという、一見して破産債権者が弁解しやすい、争いやすいように思われる要件が定められています。

4　破産法第71条1項2号前段をめぐる新破産法制定時の議論

(1)　目的要件が定められた背景

　この目的要件が定められた背景として、新破産法制定時の経緯を説明した書籍等によりますと「支払不能かどうかは、客観的な、大げさに言うと、神のみぞ知る状態であって、にもかかわらず平常の取引がずっと続いている。そうであれば、そういった取引を保護してほしいというのが金融機関側の基本的な発想でした」[6]といったような見解が紹介されているように、相殺禁止の要件事実において、支払不能という不明確な基準が持ち込まれたことに対する金融機関の強い懸念があったように思われます。

　例えば、「新法は、支払停止前であっても、債務者が支払不能に陥っている場合には、一定の範囲で相殺が禁止される旨を定めた。他方で、相殺に対する

---

4 ─ また、破産法162条1項1号イの場合、破産者の取締役や親会社、親族、同居者等の内部関係者について悪意が推定され（破産法162条2号）、主張立証責任が転換されているが、相殺の禁止における破産法第71条1項2号前段においては、これらのような支払不能の主観的要件の主張立証責任を転換するような規定は設けられていない。従って、破産管財人としては、支払不能の悪意の主張に関して、偏頗行為否認を主張立証するよりも、相殺禁止を主張立証する方がより難しいと言える。
5 ─ 伊藤眞『破産法・民事再生法（第5版）』有斐閣534頁は「専相殺供用目的」と定義している。
6 ─ ジュリスト増刊伊藤眞・松下淳一・山本和彦編『新破産法の基本構造と実務』476頁（小川秀樹法務省民事局民事第二課長（当時）発言）。

合理的な期待は保護しなければならないという要請と、相殺禁止の範囲を広くすることは取引の安定を害する結果をもたらすおそれがあることから、その調和をどのあたりにおくかが今回の改正で最も検討されたところである。その苦心のあらわれが新法71条1項2号の「専ら」であり、72条2項4号の新設である。」[7]と指摘されています。

(2)　目的要件の趣旨に関する一問一答の説明

　新破産法における条項の制定の趣旨については、法務省の立法担当者が執筆された一問一答が参照されることが多く、一問一答の説明が、その後に出版される破産法に関する解説書等にもほぼそのまま引用されることもあり、非常に影響力の強いものです。

　目的要件の趣旨について、一問一答においては以下のように説明しております。

　「現在の金融実務においては、債務者が行う取引において生ずるキャッシュ・フローを重視した信用取引が行われていると言われており、特に多数の取引が継続的に行われているような場合には、キャッシュフローの分析によって、債権の取得または債務の負担について特定性がない場合であっても、相殺に対する合理的期待を認めるべき場合があり得ると考えられます。すなわち、継続的に取引を行う当事者間においては、将来も従前どおりの取引関係が継続されるであろうことを予期し、将来自己が負担するであろう債務をいわば担保として個々の取引を継続するということが行われている場合が多いと考えられますので、いつ、誰から銀行口座に振り込みがあるかは具体的に特定できないが、一定額以上の振込があることが確実であるといった場合には、相殺に対する合理的期待があると考えることができます。このため、破産債権者が支払不能後に新たに債務を負担した場合を一律に相殺禁止の対象とすると、このような継続的取引に対する萎縮的効果が生じるおそれがあるとの指摘がされています。」[8]

7―日本弁護士連合会倒産法制検討委員会『要点解説　新破産法』商事法務206頁（永石一郎弁護士）。
8――問一答115頁。

(3)　目的要件制定の影響

　目的要件による相殺権の保護を確実なものとするあまり「専ら破産債権をもってする相殺に供する目的」という、相殺禁止の範囲を著しく狭く限定するような表現で条文を定めてしまったことについての懸念は新破産法制定時から存在していました。例えば以下のような見解があります。

　・「専ら」の解釈問題・事実認定問題が今後実務上争点となるであろう。支払不能基準をとったことによる金融機関等の危惧を回避するために、当初は「通常取引で負担した債務を除く」との案もあったが、それでは広すぎるということで、目的要件で絞ることになった。目的要件の表現についても議論があったが、妥協の産物が「専ら」である。将来の相殺目的のための「拘束預金契約」などはその典型であろう[9]。

5　破産法第71条1項2号前段をめぐる解釈論

(1)　解釈の方向性

　松下淳一教授は「法71条1項2号でされた相殺禁止の範囲の限定については、主として金融実務上の懸念から加えられたものではありますが、相殺禁止の対応物である偏頗行為否認にはこのような制限はないので、『専ら』云々をどう考えるかは、1つの問題なのだろうと思います。これを夾雑物として考えて、限定を狭く解する、即ち『専ら』を広く解して、相殺禁止の範囲を広げるという考え方と、逆に偏頗行為否認についても解釈論で同様の考慮を通用させるという考え方と、2通りの方向があるのだろうと思います。」と指摘されています[10]。

(2)　「専ら」についての解釈論

　この「専ら」についての解釈論として以下のような議論がなされています。

　「『もっぱら……目的とする』という要件を厳格に解すると、本条1項2号前段の相殺禁止は全くの空文に帰してしまうから、妥当ではない。というのも、

9－日本弁護士連合会倒産法制検討委員会『要点解説　新破産法』商事法務211頁（永石一郎弁護士）。
10－ジュリスト増刊伊藤眞・松下淳一・山本和彦編『新破産法の基本構造と実務』468頁。

「財産を処分する契約」に財産を処分するという目的があるのは当然であるから、「財産を処分する契約」には「相殺に供する」という目的以外の目的が常に存在することになるからである。したがって、『もっぱら』という要件は、このように厳格に解すべきではなく、行為の前後の事情に鑑みて、偏頗行為の否認を潜脱するものと認められるかどうか、という観点から決すべきである。このように『もっぱら……目的とする。』要件には、相当の解釈の幅が残されている。」[11]

「『専ら』を文字どおり読むと、財産処分契約の相手方は常に財産取得の目的もあるからこの条文が空文に帰することになりかねないので、債権回収を主要な目的としている場合と解すべきであろう。」[12]

(3)　客観的な事実関係から目的を認定するアプローチ

目的要件認定の解釈論においては、目的要件における目的を客観的事実関係により認定することが議論されております[13]。

①　まず「主観的意図として、直接立証するのはおそらく困難でしょうから、裁判官としては、取引の経緯とか、取引の態様等を見て、客観的に『専ら』性を判断していくことになると思うのです。」といった見解があります[14]。主観的意図を立証対象とする前提ですが、目的要件の認定については客観的事実関係を検討して判断すべきと説明されています。

11－編集代表竹下守夫『大コンメンタール破産法』青林書院308頁（山本克己教授）。

12－『破産法大系（第Ⅱ巻）破産実体法・相殺禁止』青林書院252頁（松下淳一教授）。

13－この点、「昔の大先生である兼子一先生の過失というところの説明を見ると、過失を内心の意思という風に考えているように思うのです。ところは現在ではそういうふうに考えていないので、結果回避義務とかあるわけですね。内心の意思というふうに過失を考えると、それは認定ということになるのです。内心そう考えていたかどうかを事実認定するということになります。そうではなくて、過失というのは評価だと考えると―このこと自体は別に争いはないと思うのですが―、主要事実説というのが、弁論主義、不意打ちの回避ということで出てきたということです。」（伊藤滋夫編『商事法と要件事実』法科大学院要件事実教育研究所報第13号（日本評論社）36頁～37頁（伊藤滋夫先生発言））との主観的要件である過失に関する説明は、目的論、支払不能の悪意に関する主観的要件の解釈論において参考になる。

14－ジュリスト増刊伊藤眞・松下淳一・山本和彦編『新破産法の基本構造と実務』468頁（山本克己教授発言）。

　同様に、「単一の要素でこの『専ら』を認定することは難しくて、種々の客観的な要素から積み上げて認定してくことになるのだと思います。支払不能を認識しながら、破産者となるべき債務者から急にたくさん物を買う場合であっても、製造業者が急に大量の生産の必要が生じたからこそ原材料を買うような場合であれば、『専ら』相殺目的には当たらないということになるでしょうし、その種の事情の軽重をつけながら認定していく要件であると思います。」[15]といった説明がなされております。

　②　一問一答（117頁）においても、「（ア）当該契約と相殺の意思表示との間に時間的な接着性が認められるかどうか、（イ）時間的な接着性が認められない場合には、破産債権者において、相殺権の行使を確実なものとするための措置を講じていたどうか等の事情が重要な間接事実となると考えられます。」と解説されており、客観的な事実関係が間接事実として重視されています。また、永谷典雄ほか編「破産・民事再生の実務（第4版）破産編」きんざい340頁は、これらに加えて、「財産処分行為が通常取引と乖離する程度等が重要な間接事実となろう。」と指摘しております。

　③　こういった解釈を前提とすれば、破産債権者が目的要件について、そのような目的は有していなかったと否認しても、破産管財人においても目的要件の主張立証に関し、比較的確認が可能な、客観的事実関係を特定し、立証すればよいということになりますから、程度問題とは言え、比較的、見通しの立ちやすい目的要件についての主張立証に関する考え方ではないかと考えます。

　(4)　目的要件、「専ら」規定は必要か？
　この点、一問一答の著者も「相殺が禁止される場合の要件としては、確かに支払不能の認識を要求していますから、本当はその要件がある以上、支払不能を認識し、つまり、債権の実価が低下しているのを認識しているわけですから、

15—ジュリスト増刊伊藤眞・松下淳一・山本和彦編『新破産法の基本構造と実務』470頁（松下淳一教授発言）。

その上で明示的に契約をしているとすれば、問題があるのは間違いないのだろうと思うのです。」と説明しています[16]。

　山本和彦教授も「71条１項２号の前の方の『専ら破産債権をもってする相殺に供する目的』というところが最大の問題で、これが理論的にどのように説明できるのか、今の時点では明確な理論的説明はなかなか難しいところだと思います。ただ、ことさらに担保化した場合だけを禁止する趣旨だとしても、理論的に見れば『専ら』まである必要があるかどうかと、これは法制審議会でも議論になったところです。相殺目的であれば許されないというような制度にすることは理論的には十分考えられたのではないかと思いますが、あえて悪質なといいますか、専らそういう目的にしたという場合だけを規制することにしました。これは倒産時期の前倒しのおそれなども勘案した政策的判断であっただろうと思います。」[17]と説明しています。

　また、山本克己教授は相殺禁止に関する規定について、「既存の破産債権についてのリスク軽減が生じているという点で、担保の供与と類する状況があるということが根拠になろうかと思います。したがって偏頗否認とできるだけパラレルな関係で立法されるのが望ましい。そういう意味で、「専ら」要件が付いたことは、ある面で理論的には非常に残念なことであったかと思います。」と指摘しています[18]。

(5)　設例１に基づく検討

　それでは、目的要件の必要性について、別紙の設例１を用いて検討してみたいと思います。

　設例１に基づく事例で目的要件が存在しないと仮定した場合、破産管財人は相殺を争い、当座預金残高3,000万円の払い戻しを請求することを検討できます。また、各2,000万円の一部弁済と担保提供は偏頗行為否認として別途否認権行使の対象となります。

16―ジュリスト増刊伊藤眞・松下淳一・山本和彦編『新破産法の基本構造と実務』475頁～476頁（小川秀樹法務省民事局民事第二課長（当時））。
17―座談会『新しい破産法と金融実務（下）』金融法務事情1714号57頁～58頁（山本和彦教授発言）。
18―ジュリスト増刊伊藤眞・松下淳一・山本和彦編『新破産法の基本構造と実務』468頁。

　果たして、このような場合、当座預金の3,000万円の相殺を認めるべきでしょうか、禁止すべきでしょうか。

　＊参考となる見解

　「支払不能から支払停止間に生じる継続する平常取引における保護」「この間生じる債務にもいろいろあって、」「窓口や預金を預入するのも契約、期日の来る手形も銀行に入金して取り立てなければいけない。会社が窓口に来て預けたものも、それも契約だというようになると、危機を感じたらもともと通常のインフラとなる取引自体までおかしくしてしまいかねません。」[19]

　「基本的には、銀行も債務者の首を絞めるようなことはしたくありませんが、支払不能という曖昧な時点で相殺禁止にすると、決済口座が早期に止ってしまうかも知れません。そうすると、生き延びられたかも知れない企業も倒産してしまいます。それでは銀行の方でも相殺するのに勇気がいりますし、こういうことは是非避けたい」[20]

　(6)　支払不能後の継続的取引の保護

　①　さらに、事案によっては、客観的に支払不能となったときから破産手続が開始するまでの間、長期間が経過する事案、その間、債務者が事業継続する事案も、なくはありません。また、支払不能状態となった債務者が、事業継続を続けているうちに支払不能状態を脱することもないとは言えません。

　このような場合、破産債権者において、債務者が支払不能状態であることを知りつつ債務者との間で売掛取引、買掛取引を継続し、代金の一部を相殺で決済し続けていた場合はどうでしょうか。

　このような、継続的取引の積み重ねを過去に遡って否定してゆくことは不合理であるように思われますし、このような場合における破産債権者の相殺への合理的期待を認めるべきであるように思われます[21]。目的要件は、支払不能後においても債務者と継続的取引を行っていた債権者が有する相殺への合理的

19―座談会『新しい破産法と金融実務（下）』金融法務事情1714号58頁（全国銀行協会川田悦男氏発言）。
20―座談会『新しい破産法と金融実務（下）』金融法務事情1714号58頁（三井住友銀行三上徹氏発言）。

期待を保護するための要件といえるのではないでしょうか。

　②　また、目的要件を、以上のように解釈すると、目的要件は債務者が支払不能状態となった時点で存在した既存債権、債権者平等の原則により偏頗的な回収が制限されるはずの実価が低下している既存債権について、その後に生じる債務負担との相殺について無限定に債権回収のための合理的期待を認める趣旨の要件ではなく、債務者の外部から知ることが難しく、判断も困難な支払不能状態後において債務者と通常取引を続けた破産債権者を保護するための制度と理解することが相当なのではないかと考えます。

　③　一方で、単なる支払不能の悪意にとどまらず、既存債権に関し偏頗的な回収を実現するために行われた債務負担行為については、当然ながら債権者平等原則を侵害するものであるうえ、破産債権者を保護する必要性もないことから、相殺を禁止すべきものです。

　従って、支払不能後に支払不能について悪意である破産債権者が既存債権回収目的で通常取引の範囲外で債務負担行為をしたときは「専ら」破産債権をもってする相殺に供する目的があり、相殺を禁止する合理性があると言えます。

　このように「専ら」要件を解釈することにより、（ア）外形上は同じ契約内容であっても、相殺禁止の対象外となる場合と、相殺禁止の対象となる場合がありうること、（イ）「二人が互いに同種の目的を有する債務を負担する場合」（民法505条１項）となる場合に常に成立しかねない「破産債権をもってする相殺に供する目的」の要件に加え、「専ら」要件が必要となることを合理的に説明することができます。

　④　通常取引の外観を有していても、行為の前後の諸事情から偏頗行為否認を潜脱するものと認められるときは、通常取引外の契約締結行為による既存債権回収目的が認定し得る場合があり得ますから、このような場合は、相殺が禁

21―なお、破産債権者の債務負担が「破産手続開始の申立てがあった時より一年以上前に生じた原因」（破産法第71条２項３号）であるときは相殺が認められる。同様に買掛債務を負担している状態で、売掛債権を取得したといったときも相殺が認められる（破産法第72条２項４号）。

止されるべきです。

　たとえば、一般に、預金取引は専ら要件を欠き、相殺禁止の対象外と解されますが、そのような預金取引であっても、金融機関が払戻等を制限して、拘束性を強めたときは、専ら要件を充足し、相殺禁止の対象とすべきであるという見解があります[22]。

　⑤　以上のように、「専ら破産債権をもってする相殺に供する目的」における「専ら」を目的要件の趣旨にそって合理的に解釈すべきではないでしょうか。

　「『専ら』を文字どおり読むと、財産処分契約の相手方は常に財産取得の目的もあるからこの条文が空文に帰することになりかねない」[23]との指摘があるように、ここでいう「専ら」を契約締結にあたって他の目的が一切併存してはならない趣旨の要件と解釈することが不合理であることは明らかです。

　そこで、「専ら」を支払不能後も通常取引を継続した債権者を保護する趣旨の要件と解釈し、以下のように破産法71条1項2号前段を補充して解釈すべきと考えます。

　<u>破産債権者において破産者が「支払不能になった後に契約によって負担する債務を『(通常取引の目的でなく)専ら』『破産債権をもってする相殺に供する目的』で破産者の財産の処分を内容とする契約を破産者との間で締結」した場合</u>

　⑥　この点、松下淳一教授は、支払不能後の債務負担の場合の相殺禁止につ

───────────────

22―「銀行が預金者の払戻しに応じている段階は相殺を認めてよいと思うのですが、銀行が預金にロックをかけたその後に入ってくるものは、相殺禁止とすべきと思う。」座談会「新しい破産法と金融実務（下）」金融法務事情1714号59頁（岡正晶弁護士発言）、「金融機関が相殺目的で預金を拘束してすぐに相殺の意思表示をすれば、上記の目的を認定しやすいのに対して、融資先からの払出要求に応じられるようにしてあり、しかし払い出されなかったので相殺をしたとすれば、上記の目的は認定しにくい方向に傾こう。」（伊藤眞ほか著『条解破産法』（第3版）弘文堂574頁）と指摘されている。破産債権を有する金融機関において行う破産債権者との預金契約は、特に、それが支払不能後のものであれば、常に「破産債権をもってする相殺に供する目的で破産者の財産の処分を内容とする契約を破産者との間で締結」していると認定されかねないが、「専ら」要件を、「既存債権回収目的で通常取引の範囲外の態様により」「破産債権をもってする相殺に供する目的で破産者の財産の処分を内容とする契約を破産者との間で締結」を行った場合を相殺禁止の対象とする旨の限定を行う趣旨の要件と解すれば、合理的に相殺禁止の範囲を設定できるのではないかと考える。

23―『破産法大系（第Ⅱ巻）破産実体法・相殺禁止』青林書院252頁（松下淳一教授）。

いて「総じていえば、通常取引から発生する債務である限りはその負担が支払不能後であっても相殺を認める、これに対して通常取引を超えて債権回収のために債務を発生させた場合には相殺は禁止される、ということである。」[24,-25]と説明されています。

(7) 法制審議会における議論

目的要件の解釈に関して、新破産法制定時において、「平常行われる取引」に基づく債務を相殺禁止の対象外とする案が検討されたものの、平常取引該当性の判定に困難を伴う等の意見があり、採用されなかった経緯があることを考慮すべきと指摘されることがあります[26]。

もっとも、法制審議会の議事録[27]や、添付資料[28]をみると、このとき法制審議会で議論されていたのは、別紙2記載の本案と別案であったことに留意する必要があります[29]。

第2 目的要件の解釈、認定に関する裁判例の検討

＊別紙3検討裁判例一覧のとおり

第3 まとめ

24― 『破産法大系（第Ⅱ巻）破産実体法・相殺禁止』青林書院251頁（松下淳一教授、また、松下淳一教授は、目的要件により、相殺禁止を限定しているのは「通常の取引関係から発生する相殺適状は、支払不能の後に生じたものであっても破産手続の関係で尊重すべきものであるという考え方を基礎にしているのでしょうから、『専ら』という文言を手掛かりに、『通常の業務でないもの』に基づく相殺禁止と理解する」とも説明している。ジュリスト増刊伊藤眞・松下淳一・山本和彦編『新破産法の基本構造と実務』468頁。

25― 籠池信宏弁護士は「『財産処分契約』・『専相殺目的』の要件は、継続的信用供与取引の保護の考慮のもと、相殺禁止の対象を『平常の取引』から突出した債権回収のための行為に限定する趣旨のものである。『財産処分契約』は、破産者の財産の処分を内容とする契約が債務負担の原因となっていることを要求し、行為の客観的態様の面から対象を限定している。『専相殺目的』は、他に当該契約を締結する必要性に乏しく債権回収の目的があるが故に当該契約を締結したと認められることを要求し、主観的態様の面から対象を限定している」（新・判例解説Watch 倒産法 NO72）と解説している。

26― 金融法務事情1889号56頁等。

27― 法制審議会倒産法部会第32回会議議事録。

28― 破産法等の見直しに関する要綱案（第三次案・3）。

29—また、法制審議会においては、上記「別案」が採用される流れになった後、「専ら」要件につい
て、以下のとおり説明がなされている。「『専ら』の意味といたしまして、相殺目的のみであること
まで要求するものではないといたしましても、他に当該契約を締結する必要性に乏しく、この目的
があるがゆえに当該契約を締結したものと認められることが必要であるとの理解を前提といたしま
して、例えば銀行等の金融機関が日常業務として行っている口座への入金契約による債務負担の場
合や、破産債権者がその事業の継続に必要な原材料を債務者から継続的に購入しており、支払不能
後も引き続き取引を継続したことによって債務を負担した場合などは、通常はこの要件に該当しな
いものと考えられます。
　　また、相殺による債権回収以外にも、契約締結の目的ないし動機が存在する場合に、この目的の
該当性をいかに認定するかが問題となりますが、この点を認定するに当たっては、当該契約と相殺
の意思表示との時間的な接着性があるかどうか、あるいは時間的な接着性が認められない場合には、
破産債権者において相殺権の行使を確実なものとするための措置を講じていたかどうかといった事
情が重要な間接事実になるのではないかとの理解をお示ししております。」(法制審議会倒産法部会
第33回会議議事録)。

別紙1　設例

- ・破産債権者はメインバンク
- ・債務者は事業会社
- ・破産債権者は債務者に対し総額1億1,000万円を貸し付けている。内金5,000万円は2月末日が弁済期、内金6,000万円については3月末日が弁済期となっている。
- ・債務者の事業年度の終期は12月末日、前期の決算は売上額15億円、売上利益2,000万円、営業損失5,000万円、負債総額は6億円、債務超過額3,200万円であった。

2月末日
- ・債務者は2月末日に弁済期を迎えた破産債権者から借り入れた金5,000万円の貸付債権の弁済や、取引先に対する一部の支払いを不履行、但し従業員に対する2月分の賃金合計800万円は支払っている。
- ・債務者は支払能力を欠いており客観的には支払不能状態
　（債務者依頼の税理士作成の残高試算表によれば2月末日時点で4,000万円の債務超過、同月200万円の営業損失、同日時点で弁済期が到来した債務の未払額は総額7,000万円、別途公租公課の滞納が800万円程度あり。）
- ・債務者が破産債権者の支店に開設している定期預金口座の残高は2月末日時点で1,000万円であった。同じく当座預金口座の残高は300万円であった。

3月1日以後
- ・債務者の代表者は破産債権者に事業継続の意思を伝えた。加えて、破産債権者以外の債権者への弁済もできなかったことなど、自社の窮状も説明した。但し、債務者と破産債権者との間でリスケの合意はできていない。
- ・定期預金については債務者が破産債権者に対し払戻を求めていないこともあって支払不能となる前からの残高がその後も維持されている。
- ・当座預金は、凍結されておらず入出金や、当座預金から取引先等への支払いのための振込送金が行われている。約束手形の振り出しや、受取手形の取り立ては行われていない。
- ・債務者は事業を継続していたが、営業利益が捻出できず、資金繰りはますます苦しくなり、取引先への弁済を遅らせたり、代表者家族の個人資産を処分するなどして資金繰りをつないでいた。

3月末日

・3月末日に弁済期を迎えた破産債権者の債務者に対する金6,000万円の貸付債
　権について、債務者は破産債権者に対し2,000万円の一部弁済をした。また、
　所有不動産に対する担保権の設定に応じた。その担保評価は2,000万円程度で
　あった。

7月1日

・その後、債務者代理人が破産債権者に破産申立の受任通知を送付したことによ
　り支払の停止となり、破産債権者は定期預金口座及び当座預金口座を凍結した。
・支払の停止時点での当座預金の残高は3,000万円であった。債務者代理人は6
　月29日に金融機関に受任通知をする予定であったが、手違いで、破産債権者が
　通知を受領したのが7月1日となったため、6月末日時点の預金残高が破産債
　権者により凍結されることになった。
・破産債権者により凍結された当座預金の残高3,000万円は、3月1日以後の当
　座預金口座の入出金の出し入れの状況からみて、支払不能後に破産債権者が債
　務者との財産処分契約により債務を負担した預金残高と認定できるものと仮定
　する。

別紙2

1 法制審議会倒産法部会第32回会議（平成15年6月27日開催）関係
(1) 提案された条項案（破産法等の見直しに関する要綱案（第三次案・3）倒産法
 部会資料42）

① 本案
 破産債権者は、次に掲げる場合には、相殺をすることができないものとする。
(ii)支払不能になった後に、(a)破産者との間で破産者の財産の処分を内容とする契約
〔破産債権者が破産者との間で支払不能になる前から継続的に取引をしていた場合
において、当該契約による取引が当該破産債権者と破産者との間で平常行われる取
引であると認められるときを除く[1],[2])。〕を締結し、又は(b)破産者に対して債務
を負担する者の債務を引き受けたことによって、破産者に対して債務を負担した場
合であって、(a)の契約の締結又は(b)の債務引受の当時、支払不能であったことを知
っていたとき[3]。

② 別案（第32回会議で席上配布）
 破産債権者は、次に掲げる場合には、相殺をすることができないものとする。
 (ii)支払不能になった後に、(a)破産者との間で、契約によって負担する債務を専ら
破産債権との相殺に供する目的で破産者の財産の処分を内容とする契約を締結し、
又は(b)破産者に対して債務を負担する者の債務を引き受けたことによって、破産者
に対して債務を負担した場合であって、(a)の契約締結又は(b)の債務引受の当時、支
払不能であったことを知っていたとき。

(2) 会議における議論の要旨[4]
 ※紙幅の関係で省略

1ー交互計算（商法第529条、破産法第59条）において、継続的取引を行っている当事者間における
 相殺の担保的機能が保護されていることも考慮された。
2ー継続的取引があったとしても、支払不能後に、ことさらに取引を増加させた場合は、濫用的な担
 保取得として、「平常行われる取引」ではないとして相殺を制限すべきと考えられた。
3ー本案の問題点として、例えば、銀行口座に入金をする行為は、入金により金銭の所有権移転を伴
 うことから「破産者の財産を処分することを内容とする契約」に該当することになるところ（消費
 寄託契約、民法第666条）、客観的に「平常行われる取引」かどうかにより相殺の可否が判断される
 ということになれば、預金を受け入れる銀行が積極的に入金に関与していない場合であっても、事
 後的に客観的に「平常行われる取引」ではなかったとして相殺が制限されるリスクがあり、解釈を
 めぐる紛争が増加するおそれがあると懸念されていた。

2　法制審議会倒産法部会第33回会議（平成15年7月11日開催）

(1)　提案された条項案（破産法等の見直しに関する要綱案（第三次案・4等）倒産法部会資料43）

　破産債権者は、次に掲げる場合には、相殺をすることができないものとする。

　(ii)支払不能になった後に、(a)破産者との間で、契約によって負担する債務を専ら破産債権との相殺に供する目的で破産者の財産の処分を内容とする契約を締結し、又は(b)破産者に対して債務を負担する者の債務を引き受けたことによって、破産者に対して債務を負担した場合であって、(a)の契約締結又は(b)の債務引受の当時、支払不能であったことを知っていたとき。

(2)　会議における議論の要旨[5]

　※紙幅の関係で省略

4―法務省ウェブサイト（https://www.moj.go.jp/shingi1/shingi_030627-1.html）を参照。

5―法務省ウェブサイト（https://www.moj.go.jp/shingi1/shingi_030711-1.html）を参照。。

別紙3　目的要件に関する裁判例の検討

番号	裁判所	判決言渡日	出典	適用条文	債務者の属性	債権者の属性	相殺禁止か相殺可能か	支払不能（客観）の認定
1	東京地方裁判所	平成21年11月10日	判例タイムズ1320号275頁	民事再生法第93条１項２号前段	金融会社	銀行	相殺有効	認定外
2	大阪地方裁判所	平成22年３月15日	判例タイムズ1327号266頁	民事再生法第93条１項２号前段	陸上及び船舶の各種空調設備・糧倉庫冷凍設備の設計施工等を業務とする株式会社	銀行	相殺禁止	認定
3	名古屋高等裁判所	平成24年１月31日	判例タイムズ1388号42頁	民事再生法第93条１項２号前段	民事再生手続開始申立てをした株式会社の代表者であり、自らも民事再生手続を申立て、開始された自然人	銀行	本号前段との関係では相殺禁止制限外	認定
4	徳島地方裁判所	平成25年11月21日	金融法務事情2005号150頁	破産法第71条第１項第２号前段	セメント等各種建築材料、タイル及び住宅設備機器の販売等を主たる事業としていた株式会社	住宅設備機器の製造及び売買等を主たる業務とする破産会社の取引先メーカー	相殺禁止	認定

支払不能の時期	支払不能（主観）の認定	目的要件の認定	破産債権の内容	債務負担契約の内容	通常取引か否か（財産処分行為が通常取引と乖離する程度）
認定外	認定外	否定	貸付債権	債務者の振込による預金債権	他の金融機関における債務者名義の口座内の預金を破産債権者以外の債務者の金融債権者が差し押さえるとの話が流れ、差押を回避し、運転資金を確保するために、取引のある他の金融機関の口座に資金を移動させることを目的として行われた、なお、債務者は、本件振込みは、従前行われていた利息の弁済とは、金額において、極めて異質であるとか、貸付債権者である債権者に対して15億円もの大金を振り込んだ債務者の行為は明らかに経済合理性を欠くものであること等を主張した。
遅くとも債務負担時期までには支払不能	支払不能悪意を認定	○	貸付債権	預金預け入れ	①再生債務者が本件預入れ等を行ったのは、債権者が、再生債務者に対し、合計すると本件貸付金相当額となるように、手形を譲渡担保として差し入れ、金員を預け入れるよう要求したためであること、②本件預入れは、再生債務者と債権者との間で従来から利用されていた口座ではなく、本件預入れの前日に新たに開設された本件口座に入金されたこと
平成20年12月10日（代表を務める会社が民事再生手続を申し立てた日）の数日後	判断外	判断外	連帯保証債務履行請求権	投資信託の解約金返還債務	判断外
平成23年9月25日	悪意	認定	売掛債権	売買代金取立て委任	債権者は、単なる集金の代行である等と主張するが、債権者が何ら自身の利益にもならない破産会社の集金代行をする理由はなく、破産会社の代表者に懇願して本件委任を受けたのは、債権者が破産会社の売掛先に対する売買代金債権を取り立て、これを債権者の破産会社の債権の弁済に充当することの目的であることは明らかであり、また単なる集金代行であるなら、債権者が回収した日の終わりには破産会社に届けるのが通常であると解されるが、9月27日に回収した金員を破産会社に渡してはいないこと等からすると、債権者の主張は採用できない。

番号	債務負担時期	相殺時期	法的手続申立日	不能債務負担時期の支払と担と接着性	担と相殺の債務負担時期の接着性	担保申立と接続の手続の法的債務負担時期の接着性
1	平成20年9月16日	平成20年9月16日	平成20年9月16日		同日	同日
2	平成20年3月25日	平成20年8月13日	平成20年6月5日		4カ月強	2カ月強
3	平成21年3月26日	平成21年3月31日	平成21年4月28日	4カ月強	5日後	1カ月弱
4	平成23年9月27日	平成25年10月22日	平成23年9月28日 破産手続開始申立	翌々日	2年間超	翌日

破産債権者において、相殺権の行使を確実なものとするための措置の認定の有無	破産債権者の内心についての認定、検討の有無	目的要件の認定根拠	備考
無し、債権者が債務者に働きかけを行うなどの何らかの関与をしたことをうかがわせる証拠は一切存在しない。	本件振込みは、債務者により一方的に行われたものであるから、債権者は、本件振込みの後に事情を知り得るにすぎず、債権者が預金払戻債務を負担するに当たり、「専ら再生債権をもってする相殺に供する目的」を有していたものと認めることができない	対象外	本判決は、平成16年の倒産実体法の全面的改定後の相殺禁止規定と、とくに、支払不能基準による相殺禁止規定の解釈について判断した初めての裁判例（金融法務事情1889号56頁）とされる。
判断外	本件訴訟においても、債権者は、本件預入れが本件貸付金を事実上担保するためのものであることを前提とする主張をしていること	財産処分契約による再生債権者の債務負担の前後の諸事情を総合して判断するのが相当である。	投資信託の受益権の解約による委託者から投資信託の販売会社である債権者に交付された解約金にかかる債権者の債務者に対する返金債務の負担は債務者の財産を処分する内容の契約を締結することにより債権者が負担するに至った債務ではないとして、民事再生法93条1項2号前段の要件に該当しないと判示した。
判断外	判断外	判断外	
特になし	特に無し	破産会社による債権者に対する売買代金取立て委任は、破産会社が債権者に対し、もっぱら債権者が破産会社の売掛先に対する売買代金債権を取り立て、これを債権者の破産会社の債権の弁済に充当することを目的としてなされたものである。（なお、認定根拠は「通常取引か否か」の項目の記載内容を参照）	支払停止後の債務負担行為と認定されているが、債務負担行為のうち一部が債権者が支払停止悪意となる前の時期であるため、破産法71条1甲2号前段により、債務負担行為の全部を相殺禁止と認定したと解される。

番号	裁判所	判決言渡日	出典	適用条文	債務者の属性	債権者の属性	相殺禁止か相殺可能か	支払不能（客観）の認定
5	大阪高等裁判所	平成30年12月20日	判例タイムズ1459号64頁	破産法第71条第1項第2号前段	パチンコ店向け卸売事業及び自動販売機事業を業とする株式会社	経営コンサルタント業務、パチンコ店向け卸売事業及び自動販売機事業を業とする株式会社	相殺禁止	認定

支払不能の時期	支払不能（主観）の認定	目的要件の認定	破産債権の内容	債務負担契約の内容	通常取引か否か（財産処分行為が通常取引と乖離する程度）
平成27年5月15日	悪意	認定	貸金債権	商品売買代金債権	債権者は、買掛債務負担の際、相殺に供する目的を持っていなかった理由として、パチンコ店向け卸売事業業界の特殊性により、債務者（二次卸売業者）を通じてしか商品を仕入れることができなかったとか、債務者へ救済融資を行う必要があったなどと主張する。しかし、債権者は、平成27年4月以降、富士屋本店等一次卸売業者との取引を開始するとともに、本件各破産会社から本件各事業譲渡を受けたことによって、本件各破産会社の取引先の一部（パチンコ店）との取引（納品）が可能となったのである（本件事業承継）。したがって、債権者において、債務者を通じてしか商品を仕入れることができなかったということはできない。また、債権者の債務者に対する貸付けが救済融資といえないことは、前記説示のとおりである。債権者の上記主張は採用できない。
					（救済融資・同時交換的取引との債権者の主張に対する裁判所の認定）本件事業承継のとおり、債権者は、平成27年4月以降、富士屋本店等の一次卸売業者との取引を開始し、債務者を通じて、他の一次卸売業者からもパチンコ店向け商品を仕入れるとともに、債務者から本件各事業譲渡を受けて、二次卸売業者としてパチンコ店向け卸売事業に参入した。その中で、債権者は、債務者との間で一連の取引（一覧表の「借入」と「返済等」）を反復継続してきたが、債務者から仕入れた商品に係る買掛債務を債務者に対する貸金債権と相殺処理し、債務者に対して買掛債務を実際に支払うことはなかったのである。このような債権者と債務者による本件事業承継の実態、経緯に照らすと、債権者は、債務者の経営破綻による買掛債務の貸倒れリスクを負う立場に立った上で上記一連の取引を行っており、債務者の弁済は、「既存の債務についてされた債務の消滅」に該当するというべきであるから、債権者の債務者に対する貸付けを債務者に対する救済融資と評価することもできない。
					（1審判決）同法71条1項2号にいう「専ら」とは、字義どおり他の目的がない場合と解すべきではなく、行為の前後の諸事情から偏頗行為否認を潜脱するものと認められるかどうかとの観点から判断すべきである。そこで更に検討すると、債務者と被告はともに二次卸売業者であり、本来的に商品の仕入れは一次卸売業者から行うものであって、特別の事情のない限り、商流において同列にある二次卸売業者から行うことはないと考えられること、実際にも同売買により債務者が仕入値よりも高い金額で被告に売買したとの事実も認められないことに照らせば、上記商品の購入は、被告が債務者に貸金の回収のために買掛債務を発生させる目的でされたものと推認することができる。したがって、債権者は、売買契約を、これにより負担する債務を専ら貸金をもってする相殺に供する目的で締結したものと認められる。

番号	債務負担時期	相殺時期	法的手続申立日	不能負の支払債務時期と担保接着性	担相着負と接務期の債時殺性	負相と接務期の債時着性	担法申接続の負と務期手日立着性債時的
5	平成27年5月20日	債務負担時期と同時（債務者と債権者は、会計上、債権者の債務者に対する貸金債務について、債務者が債権者に商品を売却することにより、双方の債権債務を清算する旨の処理をしたことが認められる。）	平成27年8月12日	5日後	同時	3カ月弱	

破産債権者において、相殺権の行使を確実なものとするための措置の認定の有無	破産債権者の内心についての認定、検討の有無	目的要件の認定根拠	備考
無し		債権者は、平成27年4月、本件事業承継によってパチンコ店向け卸売事業（二次卸売業者）に参入したが、その後、同月20日（債務者の破産手続準備の告示）まで債務者からの仕入れを継続したのは、本件事業承継の下で、債務者から仕入れた商品に係る買掛債務と貸金債権を相殺処理する目的を持っていたためにほかならない。したがって、債権者は、専ら相殺に供する目的を持って買掛債務を負担したというべきである。	

番号	裁判所	判決言渡日	出典	適用条文	債務者の属性	債権者の属性	相殺禁止か相殺可能か	支払不能（客観）の認定
6	和歌山地判	令和1年5月15日	判例タイムズ1471号130頁	破産法第71条第1項第2号前段	建設工事の請負等を目的とする株式会社	メインバンク	一部相殺禁止	認定
7	東京地判	令和4年11月9日	金融・商事判例1666号23頁	破産法第71条第1項第2号前段	建築工事及び土木工事の請負、設計、施工及び監理等を目的として設立された株式会社	銀行	相殺有効	認定外

＊裁判例7が相殺禁止とならないと判示した理由
① 別段預金への振替合意が財産処分契約にあたるか。
　破産債権者による本件振替行為は、本件普通預金口座に係る預金の一部を、本件別段預金という取引条件等が異なる預金として取り扱うこととするものであるところ、破産債権者において破産会社の承諾を得ることなく単独でこれを行うことができると解する根拠は見当たらないから、本件振替行為は破産債権者と破産会社との間でされた本件合意に基づくものであったと認めるのが相当である。
　そして、本件合意に基づき行われた本件振替行為は、取引条件等を変更することにより、本件普通預金口座に係る預金の拘束性を高めるものといえる。
　そうすると、本件合意は、取引条件等の変更に関する財産処分契約に当たると解する余地のあるものといえる。
② 財産処分契約による債務負担といえるか。
　本件普通預金口座には、平成30年10月26日から同年12月7日までの間に、平時における取引と同様に、顧客からの請負代金の支払としての振込入金があり、同振込入金が、本件普通預金債務の負担原因となっているものである。

支払不能の時期	支払不能（主観）の認定	目的要件の認定	破産債権の内容	債務負担契約の内容	通常取引か否か（財産処分行為が通常取引と乖離する程度）
平成27年7月24日	悪意	判示せず。	貸金（工事対応貸出）	預金口座への債権者による手形割引（その法的性質は買戻特約付き売買契約と認定されている）代金の入金。	判示なし。なお、債務者と債権者間の融資取引の運用としては、債務者が、財源工事の代金を約束手形で受領した場合において遅滞なく債権者から手形割引を受けて現金化することが通例であった旨認定されている。
認定外	認定外	不明	手形貸付金債権	第三者からの普通預金振込及び別段預金への振り替え、さらに定期預金口座への振り替え	破産会社の再建計画の策定に向けた動き等を踏まえ、本件貸金債権の残高を維持しつつ、顧客から振込入金された請負代金を本件貸金債権の弁済に確実に充てるために、本件合意に基づき、本件普通預金口座に係る預金の一部を本件別段預金へと振り替えたことが認められる。そうすると、本件別段預金は、本件合意後の事情の変更がない限り、一般的な普通預金とは異なり、破産会社が自由に払戻しを求めることができない性質のものであったと認められる。また、本件別段預金は、別段預金について一般的に説明されている内容を踏まえれば、利息が付かないものであったと認めるのが相当である。以上によれば、本件別段預金は、本件普通預金口座に係る預金とは取引条件等が異なるものといえる。

　そうすると、本件合意は、上記のとおり破産債権者が負担した本件普通預金債務について、その取引条件等を変更して預金の拘束性を高めるものではあるが、このことをもって、顧客からの請負代金の支払としての本件普通預金口座への振込入金という債務の負担原因についてまで変更されたものと解することは困難といわざるを得ない。

　したがって、本件合意が財産処分契約に該当すると解したとしても、本件別段預金は、顧客からの振込入金によって被告が負担した本件普通預金債務の取引条件等が変更されたものにすぎないから、本件合意により債務を負担した場合には当たらないというべきである。

③　相殺に対する期待

　なお、破産債権者は、本件普通預金口座に振込入金された各金銭の全部又は一部を、当該各振込入金の直後に本件別段預金へと振り替えているところ、本件貸金債権の弁済期は同年6月29日であるから、本件貸金債権と本件普通預金債務に係る債権とは上記の各振込入金がされた各時点で既に相殺適状にあり、破産債権者には相殺に対する期待が生じていたのであって、実際にも、破産債権者が同各時点で相殺することが可能であったものである（本件普通預金は、本件別段預金と異なり、破産会社が自由に払戻しを求めることができるものであるが、破産債権者は、破産会社が払戻請求をした場合には、直ちに相殺の意思表示をしたというべきである。）。

番号	債務負担時期	相殺時期	法的手続申立日	支払不能債務の支払と担保接着性	相殺と債務負担時期の接着性	法的手続申立日と債務負担時期の接着性
6	平成27年7月28日（手形割引日）	相殺をしていない事案 なお債権者は、金融機関の相殺期待が存在する預金を、破産者が引き出して当該金融機関に弁済する行為は、債権者間の平等を害さず、偏頗行為としての有害性がないと主張した。	平成27年12月26日	4日後	相殺をしていない事案	5か月後
7	平成30年10月～同年12月	平成31年1月9日	不明	不明	3カ月～1か月	不明

④ 普通預金口座への振込入金に関する破産債権者の関与

　また、各顧客からの本件普通預金口座への振込入金は、本件合意の後にされたものではあるが、顧客は、破産会社の平時における取引の仕組みとして、本件合意の有無にかかわらず、自ら住宅ローンを利用する金融機関を選択し、顧客が破産債権者を選択した際に、破産債権者の本件普通預金口座に振込入金していたものであり、破産債権者が、破産会社と意を通じて、顧客に対し、住宅ローンの申込先を破産債権者とし、請負代金の振込先を本件普通預金口座にするよう指示を出させていたような事情は認められない。

⑤ まとめ

　以上によれば、本件相殺は、その余の点について判断するまでもなく、破産法71条1項2号に違反するとはいえないから、有効である。

破産債権者において、相殺権の行使を確実なものとするための措置の認定の有無	破産債権者の内心についての認定、検討の有無	目的要件の認定根拠	備考
債権者の担当者が、債務者に対し財源工事の代金について工事対応貸出への返済手続を取るように依頼し、約束手形に係る手形割引申込書と手形割引代金が入金される預金口座からの出金伝票等の作成を求め、債務者がこれらの書面を提出すると債権者は、この手形割引申込書、出金伝票等を利用して、約束手形の手形割引及び工事対応貸出への弁済の手続を執った旨判示されている。	無し	明示されていない。	破産法第16条1項による偏頗行為否認権の行使における有害性の判断に関連して破産法7条1項2号に関する判示がなされた裁判例
顧客から振込入金された請負代金を本件貸金債権の弁済に確実に充てるために、本件合意に基づき、本件普通預金口座に係る預金の一部を本件別段預金へと振り替えたことが認められる。そうすると、本件別段預金は、本件合意後の事情の変更がない限り、一般的な普通預金とは異なり、破産会社が自由に払戻しを求めることができない性質のものであったと認められる。	無し	明示されていない。	支払不能に関し認定をせずに相殺の有効性を認めた裁判例

講演3レジュメ

担保法改正と倒産法の課題

花房博文

Ⅰ　非典型担保権の解釈上の現下の課題と、法制化への期待
　　（検討の問題意識）

　我が国の非典型担保制度は、限定された典型担保権の機能性、有用性の課題を補うものとして発展し、資金調達手段としての担保権の有用性を考えると、担保目的物の対象の拡大や、包括化には、さらなる進展が求められるところである。

　しかし、これらの新しい非典型担保権の法制化にあっては、現行法制度における担保権実行手続との相互性がその前提となる。すなわち、「仮登記担保契約に関する法律」に規定された、①帰属清算型の担保権と処分清算型の併存性を考慮した立法的解決が必要とされる。

　また、担保権の設定は、実体法的合意に基づいた担保目的物の交換価値支配と帰属または売却授権に基づく優先的清算の確保であり、②2つの局面での排他的な支配が求められるところでもある。

　法制度化されていない非典型担保権の領域では、これら①、②については、法的解釈に委ねられざるを得ず、判例解釈においてもなお疑義の残されている点は多い。

　したがって、新たな非典型担保権の法制度化については、これらの疑義について十分な検討が必要で求められ、とりわけ、倒産法上の取扱については十分に審議を尽くす必要がある。

　本講演では、倒産法制に関連した法制審議会担保法制部会での審議[1]を前提に、以下に、そのいくつかの問題点をとりあげてみたい。

1　仮登記担保権

　処分清算型を前提とし、裁判所の関与による配当手続による金銭の回収を想定する民事執行法制のもとで、帰属清算型担保権を制度化するためには、①まず、既存の典型担保権との間でも多重設定ができること、②帰属清算においても処分清算型担保権が回収できること、③処分清算型担保権の実行において帰属清算型担保権である仮登記担保権が回収できること、が可能とならなければならない。

　仮登記担保契約に関する法律（以下「仮登記担保法」という。）では、後順位担保権者が物上代位できるための清算期間を設けたり（仮登2、4、15）、清算額に納得できない他の担保権者が履行期に関係なく実行手続を行え（仮登12）、同手続では、仮登記担保権者は抵当権者本登記権者と看做される（仮登13）など、登記・登録手続上の難しい扱いを制度的に補完がされている。

　これ以外の非典型担保権については、現行法下では法制度的が準備されていないために、裁判所等の解釈に委ねられるところであるが、金融実務の実務慣行や要請への配慮から、その解釈には、なお、次のような疑義が残る。

2　譲渡担保権

⑴　不動産譲渡担保権

　当初は丸取り目的の脱法行為的に利用された譲渡担保権も、現在では清算義務が課せられため、登記を対抗要件とする限り二重設定は不可能なので帰属清算の簡便さ以外に抵当権を超える有用性が認められない。このような不動産譲渡担保権については検討が必要かとも思われる。

⑵　動産譲渡担保権

　動産譲渡担保権については、対抗要件が占有改定であるため二重設定が可能

---

1 ―法制審議会担保法制部会（https://www.moj.go.jp/shingi1/housei02_003008.html）第 8 回部会資料 8 、第 9 回部会資料 9 、第20回部会資料17、第29回「中間試案」及び「補足説明」、第35回部会資料29- 4 及び32、第36回大澤加奈子弁護士資料等を参照。

であり、第二譲渡担保権者は、第一譲渡担保権者の帰属清算を妨げることはできず、物上代位に基づく回収が可能であると理解されている。しかし、第一譲渡担保権者の承諾なしに、設定者と第二譲渡担保権者の間で、順位に従った占有改定ができるかは疑わしい。

　仮に、設定者に止まる残余価値に対する第二譲渡担保権者を設定したとするのであれば順位確保の問題は生じない。また、第二譲渡担保権者の即時取得も占有改定による引渡しでは成立しないし、特例法では即時取得の善意が否定されることになる。

　他方、第二動産譲渡担保権者が第一譲渡担保権者に劣後する構成をとっても、設定者が当該動産を第二譲渡担保権者に代物弁済として現実の引渡を行った場合には、第二譲渡担保権者の即時取得の可能性は否定できない。

　とすれば、判例が示す解釈を規律するには制度的手立てが必要かと思われる。

⑶　債権譲渡担保権

　債権譲渡担保権については、特に集合債権譲渡担保権では、目的物の特定性さえできれば、将来債権の発生可能性すら必要がなく、不履行による損害賠償請求権が必ず発生するので、私的自治の問題として処理すれば足りると理解されている。しかし、後者は、不履行によって生じた債務名義を必要とする一般債権の発生であり、これらを前者と同じ担保目的物として組み入れて設定しているわけではない。

⑷　集合物論の課題

　1）流動担保権については既に集合物論構成が容認され、集合債権譲渡担保では、設定段階で第三者対抗要件を具備し、担保権の実行通知である取立権の移転の通知は、設定者の債務者への取立権の変更通知に過ぎないと理解されている。しかし、債権譲渡の構造からすれば、譲渡人とその債務者が当事者であり譲受人は第三者となるところ、集合債権譲渡担保の場面においては、当初の三者関係を当事者と捉え直すことがなされている。

　2）種類・場所・量的範囲で特定される流動動産が当該場所から搬出された場合に、集合動産譲渡担保権の対抗要件が特例法に寄らないときには、もはや搬出された動産は集合物の目的物ではなくなり、現占有者の占有権原が推定され（民186、188）、搬出物に対する物権的請求が観念できないのではないか、追

及力のない担保権が想定されるのか等の疑問が生じる。

3　所有権留保

　所有権留保特約は、本来、売買契約当事者の物権変動の合意に過ぎないため公示を必要としないのは勿論であるが、三者間所有権留保においては明らかに債権担保の目的であることから、公示なく第三者効が許容されるべきであるかは、担保権的構成をとる場合には再検討の必要性がある。

　また、集合動産譲渡担保権の目的物に組み込まれた場合の、動産売主の代金確保に関して、動産売買の先取特権の目的物と動産売買にかかる所有権留保特約目的物の取扱の差に合理性が認めがたい。

4　第三者異議の訴え

　動産執行では、配当要求権者が先取特権者と質権者に制限されているため（民執133）に、非典型担保権者は配当を受けることができない。したがって、そのことをもって、「目的物の譲渡又は引渡しを妨げる権利を有する第三者」と解して、第三者異議の訴えが認められている（民執38）が、担保目的物の価値を全面的に支配している場合であればともかく、担保目的物の価値が被担保債権を超える場合には、一般債権者の責任財産を常に排除できることになり、担保権の性質からも明らかに合理性に欠ける状況にある。

　担保権であるとするならば、これらの制度的手立てが必要となる。

Ⅱ　法制審議会担保法制部会（中間試案及び要綱案のとりまとめに向けた検討）

　Ⅰで示したように、非典型担保権の制度解釈にはなお疑義が残るが、それ以上に融資・投資実務の現場では、柔軟に活用できる資金調達手段としての担保権の法制度化が求め続けられている。そこで、現在審議されている倒産法に関連する項目（部会資料32及び中間試案補足説明を中心に一部抜粋）を取り上げて、以下に検討したいと考える。

1　担保権実行中止、禁止、取消命令等の可否と担保権者の利益保護

部会資料32

第3　担保権実行手続中止命令に関する規律

1　担保権実行手続中止命令の適用の有無

⑴　譲渡担保権及び留保所有権の実行手続（私的実行手続を含む。下記⑵において同じ。）を民事再生法上の担保権実行手続中止命令（同法第31条）の対象とする。（17-1⑴）

⑵　譲渡担保権及び留保所有権の実行手続を会社更生法、会社法及び外国倒産処理手続の承認援助に関する法律に基づく担保権実行手続中止命令（会社更生法第24条、会社法第516条及び外国倒産処理手続の承認援助に関する法律第27条）の対象とする。（17-1⑵）

⑶　債権質の実行手続（私的実行手続を含む。）を上記⑴及び⑵の手続の対象とする。（17-1⑶）

⑷　（流質契約の効力を認める場合の問題として、）動産質に係る契約による質物の処分を上記⑴及び⑵の手続の対象とするかについて、どのように考えるか。（17-1⑶の（注））

2　担保権実行手続禁止命令

⑴　再生手続において、譲渡担保権及び留保所有権の実行手続を対象とする、実行手続の開始前に発令される担保権実行手続禁止命令の規定を設けるものとする。（17-2⑴）

⑵　譲渡担保権及び留保所有権についての再生手続における担保権実行手続中止命令及び担保権実行手続禁止命令の要件は、現行の担保権実行手続中止命令と同様とする。（17-2⑵）

⑶　更生手続、特別清算手続及び承認援助手続において、上記⑴と同様に、譲渡担保権及び留保所有権の実行手続を対象とする、実行手続の開始前に発令される担保権実行手続禁止命令の規定を設けるものとする。（17-2⑶）

⑷　譲渡担保権及び留保所有権についての更生手続、特別清算手続及び承認援助手続における担保権実行手続中止命令及び担保権実行手続禁止命令の要件は、現行の担保権実行手続中止命令と同様とする。（17-2⑷）

⑸　債権質の実行手続を上記⑴及び⑶の手続の対象とする。（17-2⑸）

(6)　（流質契約の効力を認める場合には、）動産質の実行手続を上記(1)及び(3)に規定する担保権実行手続禁止命令の対象とするかについて、どのように考えるか。(17-2の（(注2)）)

3　担保権実行手続中止命令等を発令することができる時期の終期

(1)　担保権実行手続中止命令又は前記2に規定する担保権実行手続禁止命令のうち、動産を目的とする譲渡担保権及び留保所有権の私的実行に係るものの終期については、次のいずれかの案によるものとする。

【案3.3.1】実行により目的である財産の全部の価値が充当されて被担保債権に係る債務が消滅する時までにしなければならないものとする。(17-3)

【案3.3.2】（部会資料30の第6、5において、受戻権に関する規定を設けることを前提として、）受戻権が消滅するまでにしなければならないものとする。(17-3の（注))

(2)　担保権実行手続中止命令又は前記2に規定する担保権実行手続禁止命令のうち、債権を目的とする譲渡担保権の私的実行又は債権質の取立てに係るものについては、実行により目的である財産の全部の価値が充当されて被担保債権に係る債務が消滅する時までにしなければならないものとする。(17-3)

4　担保権者の利益を保護するための手段

担保権実行手続中止命令及び前記2に規定する担保権実行手続禁止命令は、担保権者に不当な損害を及ぼさないために必要な条件を付して発することができる。(17-4)

6　担保権実行手続中止命令等が発令された場合の弁済の効力

(1)　債権譲渡担保権に関して担保権実行手続中止命令又は担保権実行手続禁止命令が発令された場合において、第三債務者がこれらが発令されたことを知っていたときは、担保権者に対する債務消滅行為の効力を設定者に対抗することができないものとする。(中間試案【案17.6.2】)

(2)　(1)に規定する場合において、第三債務者は、担保目的債権の全額に相当する金銭を供託して、その債務を免れることができるものとする。(中間試案【案17.6.2】)

(3)　債権質に関して担保権実行手続中止命令又は担保権実行手続禁止命令が発令された場合において、第三債務者がこれらが発令されたことを知っていたときは、担保権者に対する債務消滅行為の効力を設定者に対抗することができないものとする。(17－6の((注)))

(4)　(3)に規定する場合において、第三債務者は、担保目的債権の全額に相当する金銭を供託して、その債務を免れることができるものとする。この場合において、質権は、その供託金について存在する。

7　担保権実行手続取消命令（17－7）

(1)　集合動産譲渡担保権に係る実行通知の効力若しくは動産競売に係る差押え又は集合債権譲渡担保権に係る取立権限の付与の解除の効力を取り消す効果を有する担保権実行手続取消命令の規定を設けることについて、どのように考えるか。

(2)　担保権実行手続取消命令の規定を設ける場合、以下のような規定としてはどうか。

　①　担保権実行手続中止命令の要件と同様の要件に加え、再生債務者の事業の継続のために特に必要があると認めることや、担保を立てさせることを担保権実行手続取消命令の要件とする。(17－7の(注1))

　②　担保権実行手続取消命令は、将来に向かってのみ効力を有することとする。

　③　担保権実行手続取消命令のうち、私的実行に係るものについては、実行により目的である財産の全部の価値が充当されて被担保債権に係る債務が消滅する時までにしなければならないものとする。

　④　担保権実行手続取消命令について、担保権実行手続中止命令及び担保権実行手続禁止命令に関する前記4と異なり、担保権者に不当な損害を及ぼさないために必要な条件を付して発することができる旨の規定を設けないこととする。(17－7の(注2))

　⑤　集合債権譲渡担保権に関して担保権実行手続取消命令が発令された場合において、これが発令されたことを第三債務者が知らなかったときは、担保権者に対する債務消滅行為はその効力を有するものとする。(17－7の(注3))

　民事再生法31条が規定する中止命令は、既に継続している担保権実行手続を中止することから、私的実行が可能な譲渡担保権については、私的実行手続を含めた担保権実行中止命令が求められる。

　また、私的実行手続に対する担保権実行禁止命令による未然防止措置が求められ得るが、その内容は現行中止命令と異なる必要はないと審議されている。

　会社更生手続（更生24-Ⅰ②）、特別手続（会社516）、承認援助手続（承認援助27）においても、再生手続同様に私的実行に対する中止命令、禁止命令を規定する必要があるが、その内容は現行の担保権実行中止命令の要件で足りると審議されている。

　譲渡担保権の実行方法が、債権質における直接取立権の行使によることから、債権質についても禁止命令の規定が求められることになる。

　中止命令は担保権実行が終了するまでに発令されなければならないが、私的実行ではその終了時期が明確でないため、通常は債権の消滅の時期と考えられる。しかし、債権消滅後も、設定者には、なお受戻権が認められることなどから、目的物の返還完了時までは中止命令が可能とすることによって、別除権協定の交渉時間を確保すべきであるとの規定が検討されているが、倒産手続の実効性を考慮するならば、この法律関係の復帰完了時期の選択が望ましいと思われる。

　他方、この中止命令の発令によって一般債権者に実体法上の優先権を有する担保権者の利益が不当に害されないように、民事再生法31条は、中止命令の発令の要件としている。

　新しい担保権の種類や「不当性」が生じる場合が多岐にわたり、とりわけ、中止命令の発令が流動物担保権に与える影響が大きいことが考慮され、再生法と同様に抽象的な表現にとどめられている。さらに、不当な損害を及ぼさないないための条件を付して発令できることも提案されている。

　なお、債権譲渡担保においては、中止命令が発令された場合の第三債務者の二重弁済のリスクを避ける一方で、中止命令の実効性も図られなければならず、このバランスから、第三債務者の認識の有無によって当該弁済が設定者に対抗できるか否かを区別する提案がなされている。

2 倒産手続開始申立特約の効力

第4 倒産手続開始申立特約の効力

1 次に掲げる事由を所有権留保売買契約の解除の事由とし、又は所有権留保売主等（所有権留保契約において目的である動産の所有権が留保された当事者をいう。）に対し、次に掲げる事由を理由とする所有権留保売買契約の解除権を付与する特約は、無効とする。(18-1)

① 所有権留保買主等（所有権留保売買契約において被担保債権の全部の履行がされた場合に目的である動産の所有権の移転を受ける当事者をいう。）についての再生手続開始の申立て又は更生手続開始の申立てがあったこと

② 所有権留保買主等に再生手続開始の原因となる事実又は更生手続開始の原因となる事実が生じたこと

2 次に掲げる事由を設定者の動産の処分権限や設定者の債権の取立権限の喪失の事由とする特約を無効とする旨の明文の規定を設けるかどうかについて、どのように考えるか。(18-2)

① 設定者についての再生手続開始の申立て又は更生手続開始の申立てがあったこと

② 設定者に再生手続開始の原因となる事実又は更生手続開始の原因となる事実が生じたこと

譲渡担保権及び留保所有権に基づく担保権実行手続の適正な清算手続については、部会資料30及び31に明記され、それらを経ないで目的物が取得できる条項は、強行法規違反として無効とされる。それと相俟って、所有権留保買主等に再生手続開始の申立て又は更正手続開始の申立てや、それらの原因となる事実が生じたことを条件に、所有権留保売買契約の解除条項についても無効とするものである。

他方、審議会では、設定者にこれらの事由が生じた場合には、設定者の処分権限や取立権限を喪失させる旨の特約を無効とすることは、担保権実行取消命令がその対象を失わないという意味での意味があり検討対象とされている。

3　倒産手続開始後に生じた財産に対する担保権の効力

　第5　倒産手続開始後に生じ、又は取得した財産に対する担保権の効力

　　1　倒産手続の開始後に生じた債権に対する担保権の効力

　　将来発生する債権を目的とする譲渡担保権の設定者について倒産手続が開始された場合に、当該担保権の効力が、管財人又は再生債務者を当事者とする契約上の地位に基づいて倒産手続開始後に発生した債権に及ぶか否かについて、中間試案の【案19.1.1】（中間試案の第20の提案を含む。）、【案19.1.2】、【案19.1.3】及び【案19.1.4】の4案を踏まえ、どのように考えるか。(19−1、20)

　　例えば、全ての将来債権譲渡担保について上記各案のいずれかを採用するのではなく、一定の要件を満たすものに限って中間試案の【案19.1.1】を採用し、その他のものについては【案19.1.2】から【案19.1.4】までのいずれかを採用するという考え方について、どのように考えるか。

　　2　倒産手続の開始後に取得した動産に対する担保権の効力

　　集合動産譲渡担保権の設定者について倒産手続が開始された場合に、当該担保権の効力が、管財人又は再生債務者を当事者とする契約に基づいて倒産手続開始後に取得した動産に及ぶか否かについてどのように考えるか。(19−2)

【案19.1.1】倒産手続が開始された後に発生した債権にも無制限に担保権の効力が及ぶ（なお、設定者は、担保権の効力が及ぶ債権について、倒産手続の開始によっては、取立権限を失わない。）。

【案19.1.2】倒産手続が開始された後に発生した債権には担保権の効力が及ぶが、優先権を行使することができるのは、倒産手続開始時に発生していた債権の評価額を限度とする（なお、設定者は、担保権の効力が及ぶ債権について、倒産手続の開始によっては、取立権限を失わない。）。

【案19.1.3】倒産手続が開始された後に発生した債権であっても、担保権者が担保権を実行するまでに発生したものには、担保権の効力が及ぶ（なお、設定者は、担保権の効力が及ぶ債権について、倒産手続の開始によっては、取立権限を失わない。）。

【案19.1.4】倒産手続開始後に発生した債権には、担保権の効力は及ばな

い（なお、設定者は、担保権の効力が及ぶ既発生の債権について、倒産手続の開始によって取立権限を失う。）。

（注）目的債権の取立権限や目的債権の弁済又は対価として受けた金銭等の利用権限等何らかの基準によって場合分けをし、それぞれについて異なる規律を適用するという考え方がある。

　将来発生する債権を目的とする譲渡担保権の設定について倒産手続が開始された場合に当該担保権の効力が倒産手続開始後に発生した債権に及ぶか否かについては見解が分かれるところであるが、その検討にあたっては、倒産手続開始後に一般債権者の負担によって担保権者が利益を得ないように対処しつつ、他方で、規定が設けられることによって融資方法が制限され資金調達の選択が不当に害されてしまうことも避けなければならない。

　例えば、集合動産譲渡担保権のような場合には、将来債権譲渡担保権とは異なり、倒産手続の開始決定によって担保目的物である集合物についての変動はないので、その構成要素たる動産の流動についてどのように理解するかで見解が大きく分かれる。しかし、再生手続の開始決定の後、なおも構成要素たる流動物に担保権の効力が及び続けて、譲渡担保権者が別除権に基づく回収が可能であるとすれば、再生手続での一般債権者の負担によって担保権者が債権を回収している状況が生まれて正当ではない。他方、プロジェクトファイナンスや事業担保権などにあっては、キャッシュフローをうみだす事業活動価値や事業収益を評価することで多額の融資を受けることを可能としているため、爾後財産の取得が否定されると担保権者は不当な損害を被ることになる。

　したがって、集合債権譲渡担保と集合動産譲渡担保権の相違や、当初より活動収益が担保目的物の主たるものである担保とそうでないものとの相違、事業担保権に基づく融資により再生と民事再生手続による再生との効果の比較考慮等、各状況に応じた判断が求められる場面である。

4　譲渡担保権設定者の処分権限等

　第8　譲渡担保権設定者の処分権限等に関する規律

　　1　譲渡担保契約における設定者による目的である財産権の処分（総則的

規律、部会資料28、2－3関連）

　譲渡担保権設定者が譲渡担保権者の承諾を得ることなく目的である財産権を第三者に譲渡したときは、その譲渡は、担保のためにするものを除き、譲渡担保権者に対抗することができないものとすることについて、どのように考えるか。

2　動産譲渡担保権設定者による所在場所の変更（部会資料28、3－5関連）

　動産譲渡担保権設定者による目的である動産の所在場所の変更に関する規律に関する次の二案について、どのように考えるか。

【案8.2.1】

(1)　譲渡担保権設定契約において目的である動産の保管場所を定めたときは、動産譲渡担保権設定者は、動産譲渡担保権者の承諾を得なければ、目的である動産の保管場所を変更してはならない。

(2)　動産譲渡担保権設定者が前記(1)の義務に違反したときは、動産譲渡担保権者は、意思表示により、被担保債権の期限の利益を喪失させることができる。

【案8.2.2】　動産譲渡担保権設定者による所在場所の変更禁止の規律は設けないこととする。

3　集合動産譲渡担保権設定者による特定範囲に属する動産の処分権限（部会資料28、4－3関連）

【案8.3.1】集合動産譲渡担保権設定者は、設定者の事業活動の態様、動産の補充の可能性及び取引上の社会通念に照らして定まる通常の事業の範囲内において、特定範囲に属する動産の処分をすることができる。ただし、集合動産譲渡担保契約に別段の定めがあるときは、その定めるところによる。

【案8.3.2】「通常の事業の範囲」に代えて、例えば設定者がすることができない処分行為の客観的要件、主観的要件を検討する。

【案8.3.3】設定者の処分権限に制約を設けず、担保権者の利益は担保価値維持義務によって図る。

4　集合債権譲渡担保の目的である債権の取立権限・弁済受領権限の所在

　集合債権譲渡担保の目的である債権の取立て及び弁済の受領について、担保権者はどの段階でどのような権限を有するかについて、どのように考えるか。

　流動担保権の目的物について集合物論を採る場合に、「特定された目的物」に対する設定者に留保されている処分権限に基づく、その対象としての「設定者の事業活動の態様、動産の補充の可能性及び取引上の社会通念に照らして定まる通常の事業の範囲内において、特定範囲に属する動産」と、譲渡担保権者に対して設定した流動目的物群内での残余価値に対する「通常の事業の範囲内における処分」とが、なお明確でないように思われる。

　特に、優先順位にしたがった譲渡担保権の多重設定や、物上代位の対象たる価値変容物に係る問題では、この点が明確にされる必要がある。ここでの審議では前者に限定されているものと考えられるが、後者は認められないとする趣旨であろうか。

　集合物の特定要件の一つである「場所」の変更についても、設定者になお処分権限が留保されているとすると「変更」手続及び公示手段が必要とされるのではないか。

　債権者の取立権の移転については、債権譲渡担保権者が、当初の対抗要件具備によって第三者対抗要件を有すると捉えるならば、譲渡担保権者に移転するのが原則と考える方が親和的である。

5　事業担保権の導入

中間試案補足説明

第4　事業担保権の倒産法上の取扱い

　1　別除権及び更生担保権としての取扱い

　破産手続及び更正手続において、事業担保権を有する者を別除権者として、更正において、事業担保権の担保権の被担保債権を有する者を更正担保権者として、それぞれ扱うものとする（注）。

（注）事業担保権について、更正手続との関係では、手続外での行使を禁止し、手続内において目的物の換価及び配当を行うこととするべきという

考え方がある。この考え方を採る場合においては、配当法に関してどのような規律を設けるべきかの問題がある。

2　担保権実行手続中止命令の適用

　事業担保権を民事再生法等の担保権実行手続中止命令の対象とする（注）。

（注）担保権実行手続中止命令の効果については、引き続き検討する。

3　倒産手続開始後に発生・取得する財産への事業担保権の効力

　倒産手続開始後に設定者が取得した動産や債権についても、事業担保権の効力は及ぶものとしてはどうか（注）。

（注）倒産手続開始後に生じ、又は取得した財産についても事業担保権の効力は及ぶものとしつつ、優先権を行使することができるのは、倒産手続開始時における担保目的財産の評価額を限度とすべきという考えがある。

4　破産法上の担保権消滅許可制度の適用

　事業担保権を破産法上の担保権消滅許可制度の適用対象としてはどうか。

5　民事再生法及び会社更生法上の担保権消滅許可制度の適用

　事業担保権について民事再生法及び会社更生法上の担保権消滅許可制度を適用するかどうかについて、どのように考えるか。

6　DIP ファイナンスに係る債権を優先させる制度

　事業担保権の設定者について倒産手続が開始された場合に、いわゆる DIP ファイナンスに係る債権を被担保債権とする担保権を事業担保権に優先させる制度（DIP ファイナンスに係る債権を被担保債権とする担保権を事業担保権に優先させる制度を含む。）を設けるかどうかについて、どのように考えるか。

　資金調達の面において、有形資産を十分に所有していない中小企業やスタートアップにとっては、知的財産、技術、ノウハウなどの無形資産を活かした「事業性」「成長性」「将来キャッシュフロー」に着目した担保融資を可能とする「事業成長担保権」として制度化されることが待ち望まれるところであり、起業時、事業成長時、事業承継時、DIP ファイナンス前と、その適用場面への期待が大きいが、企業成長の判断基準が難しい。

　事業担保権も、他の約定担保権と同様に再生手続上の別除権及び更正担保権

として扱うべきであるが、設定者の総財産が担保権の目的物とされているために、事業担保権の再生手続外の実行は再生手続を困難に陥らせることになる。また、事業担保権実行による金銭換価が内容となるため破産手続に組み入れて配当を行う利点が乏しい。

　したがって、事業担保権については、民事再生法等の中止命令の対象として別除権協定による解決を図る必要がある。

　また、前述のように、事業担保権への期待は、有形資産よりもむしろ企業活動や将来の企業収益が担保価値の内容となり、かつ企業活動の多くの場面に求められる資金調達を可能とする担保であるため、倒産手続開始後に発生・取得した財産にその効力が及ばないとするともはや事業継続は困難となる。したがって、事業再生の観点からも、できる限り制限的な制度を設けるべきである。再生手続における担保権消滅許可制度の適用についても同様である。

　これに対して、清算すべき破産法が適用される局面では、担保権消滅許可制度によって、より高額な売却の選択を残しておくべきであろう。

コメント

木村　真也

毛受　裕介

コメント1

木村真也

目　次

第1コメントの基本スタンス

1　基本スタンス

　各ご報告について、要件事実の観点からのコメントを試みたい。多数ある運用論を検証するために、裁判規範としての倒産実体法を考えることは極めて重要であると思われる[1]。とりわけ、規範的要件が多重に折り重なり、その認定判断の中で、多数の関係者の利害を調整する構造が比較的多く見られ、その判

1―裁判規範としての民法について、伊藤滋夫先生『要件事実の総合的展開　その汎用性を説き論証責任に及ぶ』（日本評論社、2022）1頁以下等参照。

断構造の分析、明確化の意味がある。

2　ご海容のお願い

ただし、平素の不勉強ゆえに、検討不十分な点、混乱してしまっている等が懸念されますことをご容赦賜りたい。

第2　山本先生のご報告について

1　「1⑵弁実体法上の法律効果の変容（制約）に関する若干の検討―弁済禁止の保全処分と債務不履行解除を例として―」（3頁）について[2]

⑴　訴訟物　売買契約の解除に基づく物件引渡請求権[3]

⑵　請求原因

①債務者と相手方との間の売買契約の成立

②債務者について破産手続が開始したこと[4]

③－1　（催告解除）催告、相当期間経過、解除の意思表示、反対給付の履行の提供[5]

2─山本研先生のご報告の「平時実体法と倒産法」に関する部分では、近時の議論－「倒産法的再構成」論、「倒産法的公序」論を踏まえられ、平時の延長線上に倒産を位置付け、平時の規律との整合性（ないし、連動性）を意識しつつ、制度目的の実現等との関係でやむを得ない部分について、合理的な範囲で修正を施すということが、法制度全体の構成としても前提とされているとのことである。この点については、倒産観にかかわる問題であり、水元宏典『倒産法における一般実体法の規制原理』（有斐閣、2002）1頁以下で複数の立場が紹介されている。

3─売買代金請求訴訟の訴訟物と要件事実について、伊藤滋夫先生編著『新民法（債権関係）の要件事実Ⅱ』（青林書院、2017）406頁。

4─破産手続開始決定の事実は、当事者適格として、訴状に請求原因とともに摘示されることが通常想定される（民事訴訟法133条2項、前掲紛争類型別の要件事実157頁、伊藤滋夫先生編著『新民法（債権関係）の要件事実Ⅰ』（青林書院、2017）155頁〔北秀昭〕参照）。福田修久＝明石法彦「相殺を巡る訴訟」島岡大雄ほか編『倒産と訴訟』（商事法務、2013）75頁〔福田修久〕、近藤昌昭「債権者代位権」伊藤滋夫先生統括編集『民事要件事実講座第3巻』（青林書院、2005）100頁は、この事実を原告適格に関するものとして請求原因事実と位置付けている。他方、福田修久＝明石法彦前掲書75頁〔福田修久〕は、再生手続では、管理型でない限り、当事者適格の主張として再生手続開始決定の主張は必要とならないとか、相殺禁止の主張のために、再抗弁の一部として主張することとなると指摘している。後述の花房先生のご報告に関する抗弁参照。

　なお、破産管財人の訴えについては、破産法78条2項10号による許可を要する場合があるが、これが訴訟要件となるかについては、肯定説（伊藤眞ほか『条解破産法〔第3版〕』（弘文堂、2020）658頁、竹下守夫編集代表『大コンメンタール破産法』（青林書院、2007）337頁〔田原睦夫〕）と否定説（伊藤眞『破産法・民事再生法〔第5版〕』（有斐閣、2022）722頁注132、東京控判昭和12年12月28日新聞4265号7頁）に分かれている。

③−2（無催告解除）債務の履行が不能であること、解除の意思表示

(3)　抗弁[6]

①違法性阻却説、催告不能説[7]：弁済期の到来前または催告期間経過前に弁済禁止保全処分があったこと

②権利濫用説（山本先生のご見解）：弁済禁止保全処分のもとでの解除権の行使が権利濫用であることの評価根拠事実[8,9]

(4)　再抗弁

②権利濫用説（山本先生のご見解とは異なる）：権利濫用の評価障害事実：

5―債務不履行解除の要件事実につき、司法研修所編『4訂紛争類型別の要件事実』（法曹会、2023）11頁以下、前掲『新民法（債権関係）の要件事実Ⅱ』409頁〔難波孝一〕、吉原省三「契約の成立と効力・解除」前掲『民事要件事実講座第3巻』228頁以下、小賀野晶一＝松嶋隆弘編『民法（債権法）改正の概要と要件事実』（木精舎、2017）380頁、大江忠『第4版　要件事実民法(5)-1 契約1』（第一法規、2017）134頁以下、141頁以下、155頁以下参照。

6―山本先生のご報告の対象として保全処分と解除の問題が取り上げられているため、ここではその再抗弁を検討する。もっとも、倒産手続開始決定があった場合における解除の可否、及び、倒産解除特約の有効性（この点に関する立法論について花房先生のご報告ご参照）についても、関連する問題として検討する余地があると思われる。倒産解除特約について、解釈上倒産法的再構成または倒産法的控除の理論から無効と解する、または、立法論として条文上無効とされるならば、保全処分と解除の場面について権利濫用論で処理することと平仄をどのようにとるかという問題もあろう。

倒産と債務不履行解除については、加毛前掲234頁、岩川隆嗣「倒産手続開始決定後における契約相手方の債務不履行解除権の成否」中島弘雅ほか編『民法と倒産法の交錯』（弘文堂、2023）545頁以下参照。

また、請求原因事実として、当事者適格を基礎づけるために債務者につき破産手続開始決定がなされた事実が摘示されているが、本文では、解除が、保全処分発令後、破産手続開始決定までになされた事案を想定した要件事実を検討している。

7―違法性阻却説につき、伊藤眞前掲破産法・民事再生法158頁注172）、催告不能説につき、加毛明「新しい契約解除法制と倒産法」事業再生研究機構編『新しい契約解除法制と倒産・再生手続』（商事法務、2019）234頁参照。

8―山本先生のご見解では、破産手続において別除権として扱われる担保権に関する契約については、原則として、解除を認めたとしても破産手続の制度目的との関係で看過しがたい弊害を生じるとまではいえないため、弁済禁止の保全処分の発令後であっても解除権の行使が認められ、個別の事情により解除権の行使が公平な清算の実現という手続目的に著しく反する場合に限り、解除権の行使が制約されうるとされている。他方、再生手続、更生手続における担保権に関する契約や、倒産手続の種別を問わず担保権に関しない契約については保全処分後の債務不履行を理由とする契約解除は原則として契約解除が権利濫用とは評価されないということになるとのことである。

これに対しては、担保権に関する契約の解除を停止するためには、再生手続においては担保権実行の中止命令によるべきであり、再生手続開始決定やその前倒しとしての効果を有するにとどまる弁済禁止保全処分によって解除を制限することは困難ではないかという反対説の余地がありうる。

9―「債務の不履行が契約及び取引上の社会通念に照らして軽微であるとき」も再抗弁となる（民法541条但書）。権利濫用説の評価根拠事実は、この軽微な不履行の抗弁事由と一部オーバーラップする可能性があるのではないかと思われる。

相手方の重大な損害の発生[10]、倒産手続の申立てが濫用的であること等か[11]）

2 「2⑶否認の局面における「非義務行為性」の評価の相違」（8頁）について

⑴ 訴訟物　弁済金返還請求権[12]

⑵ 請求原因[13]

①債務者の債権者に対する債務の成立

②債務者が①の債務について弁済をしたこと

③②の弁済が、債務者の義務に属さず、または、その時期が義務に属しないこと

④支払不能の評価根拠事実[14]

⑤②の弁済が支払不能前30日以内であること

⑥債務者について破産手続が開始したこと

10―山本先生のご見解とは異なるが、たとえば、民事再生法85条2項、会社更生法47条2項該当の中小企業者等（再生債務者を主要な取引先とする中小企業者が、その有する再生債権の弁済を受けなければ、事業の継続に著しい支障を来すおそれがあるとき等）。同項は、弁済禁止を解除する制度であり、本文の場面とは異なるが、再生手続開始決定等により解除権の行使が制約されることが、取引先中小企業者に致命的な打撃を与えるような場合には、解除権行使が許容されうるという意味で、考慮事情となりうると思われる。なお、このような場合には、保全処分の例外とされるなどして、事態の解決が図られることも考えられる。

11―破産法30条1項2号に該当する「不当な目的で破産手続開始の申立てがされたとき、その他申立てが誠実にされたものでないとき」の事由が評価障害事実となりうると思われる。このような事実があれば、破産手続開始決定が棄却または取り消されることにより、根本的に解決される可能性があるが、仮にそのような手続進行とならなかった場合には、解除権行使の評価障害事実として機能しうると思われる。

　なお、請求原因（当事者適格）の中で、（解除後の）破産手続開始決定の事実、抗弁の中で（解除前の）保全処分発令事実が適示されるものの、それは、かならずしも解除の時点で上記のような棄却原因がないとの倒産事件係属裁判所の判断が確定されているわけではなく、開始決定に対する抗告の余地が残されている。さらには、仮に、倒産手続上開始決定が確定したとしても、その判断に既判力がないうえ、破産法30条1項2号の事由は、規範的な要件であると解され、それに該当する事実を権利濫用の評価障害事実として主張する余地はなお残されていると解しうるのではなかろうか。

12―非義務行為の詐害行為取消権の訴訟物及び要件事実について、大江忠『第4版　要件事実民法⑷債権総論〔補訂版〕』（第一法規、2018）168頁、偏頗行為否認の訴訟物、要件事実について、伊藤眞『破産法・民事再生法〔第5版〕』636頁、進士肇＝影浦直人「否認訴訟」前掲『倒産と訴訟』25頁以下〔進士肇〕、45頁、49頁〔影浦直人〕参照。

13―一般の偏頗行為否認の要件事実との比較については、飯尾先生報告に対するコメントご参照。

　(3)　抗弁

　　①債権者を害することを知らなかったこと[15]

　　②支払不能の評価障害事実

　　③有害性がないこと（その内容として、(a)本来の弁済期後に支払不能となったこと、及び、(b)破産リスクの現実的転嫁がないこと）[16]

14―前掲紛争類型別の要件事実172頁は、事実的要件であるとしている。これに対して、債権者代位権の無資力要件について、規範的要件事実であるとするものとして、近藤昌昭「債権者代位権」前掲『民事要件事実講座第3巻』101頁、詐害行為取消権の詐害性要件を規範的要件事実とするものとして、内堀宏達「詐害行為取消権」前掲『民事要件事実講座第3巻』（青林書院、2005）129頁、前掲『第4版要件事実民法(4)債権総論〈補訂版〉』156頁、159頁（但し、同書165頁は支払不能を規範的要件ではないとする趣旨か）、前掲『新民法（債権関係）の要件事実Ⅰ』167頁、174頁〔北秀昭〕、前掲『民法（債権法）改正の概要と要件事実』214頁、216頁。
　　以上に対して、倒産法上の支払不能の要件は、法的評価概念であると解するものとして、福田修久＝明石法彦「相殺を巡る訴訟」前掲『倒産と訴訟』78頁以下〔福田修久〕、88頁以下〔明石法彦〕参照。
15―破産法162条1項2号。その認識の内容は、山本先生レジュメ7頁によると「偏頗行為否認の基礎である債権者平等を害する事実（＝支払不能の発生が相当程度の蓋然性をもって予測）」とされている。
16―山本研先生「時期に関する非義務行為（期限前弁済）の否認における有害性」越山和広ほか編『手続保障論と現代民事手続法　本間靖規先生古稀祝賀』1005頁以下によると、本来の弁済期が支払不能前である場合、①弁済順序の入れ替えがない場合、②弁済順序の入れ替えがあるが、順序が入れ替えられた他の債権者も弁済を受けることが出来る場合には、偏頗行為否認の有害性がないものとして、否認が認められないとされており、この見解による場合、この点が抗弁等となる可能性がある。但し、大阪高判平成30年12月20日は、破産リスクを他の債権者に転嫁し、債権者間の平等を著しく害する有害性と同時に支払不能後の偏頗行為否認の潜脱防止を指摘している。
　　山本研先生・前掲論文等では、以下のように整理されている。すなわち、大阪高裁平成30年判決においては、期限前弁済があったことをもって、直ちに破産リスクの転嫁による有害性を認め、その上で、否認の潜脱防止については、非義務行為の否認の機能と位置付けている。これに対して、山本先生のご見解では、上記①・②の場合については否認の対象となり得る有害性がないと考えられており、その点で大阪高判と異なる（なお、後段（「機能」としての位置付け）については賛成であるとされる。）。
　　(b)破産リスクの現実的転嫁がない場合にあたる事実については、山本研先生・前掲論文1005頁以下において検討されている、(1)弁済順序の入れ換えがないこと、または、(2)（弁済順序の入れ換えはあるが）弁済順序を入れ替えられた債権者も弁済を受けられたことが抗弁事実にあたり、再抗弁として、いずれの場合についても、本来の弁済期まで待ったとしたら受益者は弁済を受けることができなかったこと（山本研先生・前掲論文1006頁、および1008頁（注52））が位置付けられるとされている。
　　この点は、要件事実としては、相当に錯綜すると思われ、偏頗行為の相手方が偏頗行為時点で通常知りえない情報も多いなど、偏頗行為時点での否認原因該当性の予測可能性が必ずしも高いとは言えないが、非義務行為である偏頗行為の相手方としては、30日以内に債務者が支払不能になった場合には否認の対象とされることを覚悟しておくほかない（山本先のご見解は、むしろその前提における偏頗行為否認の成立範囲を限定する議論であり、予測可能性を害する性質のものではない）と整理することとなろうか。

第3 飯尾先生のご報告について

1 要件事実

(1) 訴訟物　預金契約に基づく預金払戻請求権[17]

(2) 請求原因[18]

①破産手続開始決定（原告適格）

②預金契約の締結

③相殺禁止の事由が発生した時点の預金債権の額

④その後の入出金履歴

⑤預金債権の弁済期の到来

(3) 抗弁　①破産手続開始決定に先立つ自働債権の発生、②相殺の意思表示

(4) 再抗弁

①債務者の支払不能の評価根拠事実（③の契約が支払不能後であること）

②支払不能についての認識

③「専ら相殺に供する目的によるものである」契約の評価根拠事実[19]

(5) 再々抗弁

①支払不能の評価障害事実

または

②「専ら相殺に供する目的」の評価障害事実

または

③(a)強い振込指定、(b)その後の入金との関連性、(c)強い振込指定の時点で支払不能ではないことを基礎づける事実[20]

17—このほか、売買契約に基づく代金支払請求権を訴訟物とすることが考えられる。この場合に、請求原因事実として、①売買契約の成立、②売主の破産手続開始決定、抗弁として、①売主に対する自働債権の成立、②相殺の意思表示、再抗弁として、①債務者の支払不能の評価根拠事実、②買主の支払不能についての認識、③請求原因における契約が破産者の財産の処分を内容とする契約であること（請求原因事実①がこれに該当しうる）、④③の契約が「専ら相殺に供する目的によるものであること」の評価根拠事実などが考えられる。

18—この類型の要件事実について、福田修久＝明石法彦「相殺を巡る訴訟」前掲『倒産と訴訟』82頁以下〔福田修久〕参照。

2　設例への当てはめ

(1)　2月末ではいまだ支払不能（「一般的継続的な」支払能力の欠如）ではないとみる余地はないか[21]

支払不能の評価根拠事実、評価障害事実、その悪意、専相殺目的の評価根拠事実、評価障害事実、前に生じた原因が、重畳的に問題となる。

(2)　「専ら相殺に供する目的」の該当性[22]

3　隣接要件事実との比較（参考）[23]

(1)　担保設定についての偏頗行為否認（破産法162条）[24]

①訴訟物　担保物取戻請求権

19—専相殺共用目的の要件事実が法的評価概念であるとするものとして、福田修久＝明石法彦「相殺を巡る訴訟」前掲『倒産と訴訟』88頁以下〔明石法彦〕、全国倒産処理弁護士ネットワーク編『注釈破産法（上）』（きんざい、2015）494頁〔小畑英一〕。

　　飯尾先生から提示された試案によると、評価根拠事実として、①財産処分契約の締結が通常取引の目的ではないこと、②相殺の抗弁における破産債権者の自働債権が既存の債権であることとし、①の評価根拠事実を推認する間接事実として、（ア）当該契約と相殺の意思表示との間の時間的な接着性が認められること、（イ）破産債権者において、相殺権の行使を確実なものとするための措置を講じていたこと、（ウ）財産処分行為が通常取引と乖離していること等があげられるとされています。なお、間接事実については（ア）、（イ）、（ウ）の全部が認定されなければならないという趣旨ではなく、いずれか一つでも認定されたときは評価根拠事実が推認されうるという前提とされている。

　　以上の見解について、毛受裁判官のご指摘によると、（ア）、（イ）、（ウ）は性質が異なるものがあるとされている。また、専相殺共用目的は非常に異例な事案が多いこともあり、あらかじめ評価根拠事実をすべて列挙することは容易ではなく、これらの事情を含めた諸事情が総合的に判断されるというのが柔軟な認定に資するのではなかろうか（同旨、伊藤眞ほか編『新破産法の基本構造と実務』ジュリスト増刊（有斐閣、2007）470頁〔松下淳一〕参照）。さらに、（ア）、（イ）、（ウ）を間接事実とするのではなく、評価根拠事実とする余地もあるのではないかと思われる。

　　また、支払不能の評価根拠事実と評価障害事実、支払不能（評価根拠事実と評価障害事実）の悪意、専相殺共用目的の認定、評価は、相当程度オーバーラップしつつ、総合的に合理的相殺期待と債権者一般の利益を調整する機能を果たすと考えられる。その結果、「通常取引の目的でなく」という要件は、支払不能とその悪意の判断に一定程度収斂されうる。飯尾先生レジュメ引用の専相殺共用目的に関する裁判例を見ても、その目的要件の認定事例はかなり限定されており、専相殺共用目的の要件を他の要件から切り離すと、柔軟かつ合理的な結論を導くことが容易ではないように思われる。福田修久＝明石法彦「相殺を巡る訴訟」前掲『倒産と訴訟』88頁以下〔明石法彦〕も同旨か。

20—訴訟物を預金債権とする場合において、相殺の抗弁、相殺禁止の再抗弁に対する再再抗弁として、強い振込指定を挙げるものとして、福田修久＝明石法彦「相殺を巡る訴訟」前掲『倒産と訴訟』82頁〔福田修久〕。

　　本文記載のように、再々抗弁として、①支払不能の評価障害事実、②専相殺共用目的、③前に生じた原因という3つの規範的要件がオーバーラップしつつ機能すると考えられる。

②請求原因~25

21—設例では、2月末日に「債務者は支払能力を欠いており客観的には支払不能状態」とされ。「弁
　済期が到来した債務の未払額は総額7,000万円、別途公租公課の滞納が800万円程度」とされている
　が、「前期の決算は売上額15億円、売上利益2,000万円、営業損失5,000万円、負債総額は6億円、
　債務超過額3,200万円」、2月末にも「従業員に対する2月分の賃金合計800万円は支払っている。」
　「4,000万円の債務超過、同月200万円の営業損失、同日時点で弁済期が到来した債務の未払額は総
　額7,000万円、別途公租公課の滞納が800万円程度あり。」、3月1日以降も、「当座預金は、凍結さ
　れておらず入出金や、当座預金から取引先等への支払いのための振込送金が行われている」とされ、
　3月末には「債務者は、3月末日に弁済期を迎えた破産債権者から借入れた金6,000万円の貸付債
　権について2,000万円の一部弁済をした。また、所有不動産に対する担保権の設定に応じた」とさ
　れており、弁済期が到来した債務の相当部分を支払い、または、少なくとも事実上支払いが延期さ
　れつつ完全に健全とはいえないまでも低空飛行で事業が継続しているともいえる、近時中小企業に
　見うけられる状況である。設問の意図とは異なるかもしれないが、これを2月末時点で支払不能で
　あると評価することを当然の前提としてよいかの問題もありうるように思われる。これを肯定する
　場合、その後の多数の弁済や債権債務の成立が軒並み偏頗行為否認、相殺禁止の規制を受け、悪意
　といった要件にのみ左右されることとなる。偶然事情を知った債権者のみが保護されず、信用不安
　のうわさが生じて悪意者の範囲が広がると、それが原因となって事業継続が不可能となるといった
　機能を果たす恐れがあることが懸念される（専相殺共用目的について、類似の懸念を示すものとし
　て、座談会「新しい破産法と金融実務（下）」金融法務事情1714号58頁〔三上徹〕参照）。例えば、
　飯尾先生のレジュメでも、「各2,000万円の一部弁済と担保提供は偏頗行為否認として同途否認権行
　使の対象となります。」とされているが、そうであれば、3月1日ころに当該メインバンクは預金
　拘束をして取引を停止するという行動に出ることが懸念され、それがトリガーとなって債務者は事
　業の停止に追い込まれるということになるおそれがありうる。また、偶然財務状況を知った主要取
　引先等に対する支払いも同時交換的取引に該当しない限り偏頗行為否認の対象となるおそれが生じ
　る。
　　この観点からすると、飯尾先生のご報告とは異なり、設例で「3月末日に弁済期を迎えた破産債
　権者の債務者に対する金6,000万円の貸付債権について、債務者は破産債権者に対し2,000万円の一
　部弁済をした。また、所有不動産に対する担保権の設定に応じた。」ことについて偏頗行為否認が
　認められるとされている点について、異なる理解の余地を指摘したい。
　　この点は別としても、飯尾先生の設例は、支払不能、同時交換的取引、専相殺共用目的といった
　評価概念が多重に機能していることを明らかにしている点で有益である。
22—専相殺共用目的の認定は、支払不能の認定相当程度オーバーラップすることについて上記中のと
　おり。設例では、7月1日に支払不能（支払停止）となったものとして、6月末の預金残高につい
　ての相殺は許容されるという理解もありうるように思われる。また、3月1日以降も当座預金は、
　凍結されておらず入出金や、当座預金から取引先等への支払いのための振込送金が行われている点
　も専相殺共用目的を否定する要素となりうる。なお、この意味では、この設例では、専相殺共用目
　的を主観的に解するか客観的に解するかにかかわらず、これがみとめられないということになると
　思われる。
23—飯尾先生のご見解のように専相殺共用目的を客観的に解釈することにより、隣接制度である、偏
　頗行為否認、破産法71条2項2号後半、72条2項4号の相殺禁止の制度とのアンバランスも解消さ
　れうる。
24—偏頗行為否認の要件事実について、飯尾拓先生「否認権行使における支払不能の悪意の主張立
　証」事業再生と債権管理No.177号164頁、進士肇＝影浦直人「否認訴訟」『倒産と訴訟』25頁以下
　〔影浦直人〕、詐害行為取消権の要件事実について、内堀宏達「詐害行為取消権」前掲『民事要件事
　実講座第3巻』122頁、前掲『第4版要件事実民法(4)債権総論〈補訂版〉』164頁、前掲『民法（債
　権法）改正の概要と要件事実』216頁。

(a)被担保債権（既存の債務）の成立

(b)(a)を被担保債権とし、債務者と相手方との間で当該物を目的とする譲渡担保設定契約（既存の債務についてなされた担保の供与に関する行為）の成立

(c)(b)の際、譲渡担保設定者が当該物を所有していたこと

(d)支払不能の評価根拠事実または破産手続開始申立

(e)担保設定行為が支払不能または破産手続開始申立後になされたこと

(f)担保設定行為当時、支払不能（支払停止）または破産申立てがあったのちにされたことを知っていたこと[26]

(g)債務者について破産手続が開始したこと

③抗弁　支払不能の評価障害事実

(2)　債務の引き受けによる相殺（破産法71条1項2号後半）

①訴訟物　売買契約に基づく売買代金支払請求権

②請求原因[27]

(a)債務者と第三者との間の売買契約の成立

(b)売買代金債務を被告が引き受け

(c)債務者について破産手続が開始したこと

③抗弁　被告から債務者に対する反対債権の成立、相殺の意思表示

④再抗弁

(a)債務者の支払不能の評価根拠事実

(b)破産者に対して債務を負担する者の債務を引き受けることを内容とする契約を締結することにより破産者に対して債務を負担したこと

25―前掲紛争類型別の要件事実183頁以下参照。

26―支払不能が規範的要件事実であり、その要件事実が、評価根拠事実と評価障害事実に分かれるとすると、支払不能の悪意についても、同様に悪意の対象が、評価根拠事実及び評価障害事実に分かれるか。この点について、破産債権者において債務者が債務不履行を起こしていることを知っていれば原則として支払不能悪意といいうるという考え方をとるものとして、飯尾拓先生「東京地裁における最近の倒産事件処理2022　否認権行使における支払不能の悪意の主張立証」事業再生と債権管理No.177号156頁以下参照。

27―飯尾先生のご指摘によると、破産管財人が、売買代金請求をしたところ、その代金債務について売主から引受けたと主張する破産債権者が、当該破産債権と代金債権とを相殺したと主張し、民法439条により代金債権が消滅した旨の抗弁が主張された場合にも、再抗弁として、専相殺共用目的による相殺禁止が主張されることが考えられる。

(c)債務の引受契約が支払不能後であることの評価根拠事実

(d)債務の引き受け契約の当時支払不能であったことを知っていたこと

⑤再々抗弁　支払不能の評価障害事実

(3)　破産者との契約に基づく破産債権による相殺（破産法72条2項4号）[28]

①請求原因

1(2)と同じ。

②抗弁

1(3)と同じ。

③再抗弁

債務者の支払不能の評価根拠事実

支払不能についての認識

④再々抗弁

破産者に対して債務を負担する者と破産者との間の契約[29]

第4　花房先生のご報告について

1　担保権実行中止、禁止、取消命令等の可否と担保権者の利益保護

(1)　訴訟物　（譲渡担保権の行使による譲渡担保物件の）所有権に基づく返還請求権としての物件引渡請求権[30]

(2)　請求原因

28―破産者に対して債務を負担する者が担保余剰の範囲内で債務者に対して債権を取得する取引は、同時交換的取引として有害性がないため相殺禁止の例外とされている（竹下守夫前掲316頁〔山本克己〕、山本和彦ほか『倒産法概説〔第2版補訂版〕』（弘文堂、2015）259頁〔沖野眞己〕、伊藤眞ほか前掲条解破産法586頁、伊藤眞前掲『破産法・民事再生法』552頁）。この点は、専相殺共用目的の要件と場面が異なるが、隣接する問題として比較検討の意味がある。

また、再抗弁(b)は、請求原因(b)に含まれている可能性がある。

29―この場合に、相殺の意思を要するとする見解（山本和彦ほか前掲倒産法概説259頁〔沖野眞己〕）があるのに対して、これを無用とする見解があり（竹下守夫前掲316頁〔山本克己〕、後者の見解は、相殺の合理的期待の有無を客観的に判断する点で、専相殺共用目的を客観的に理解する飯尾先生のご見解とも親和的であるともいえるように思われる。

ところで、再々抗弁として位置付けられる破産者との契約の事実が、抗弁である自働債権の発生原因事実として現れる可能性もあると思われる。その場合には、再抗弁が主張自体失当となると考えられる。

30―譲渡担保に基づく請求の訴訟物と要件事実について、大江忠『第4版　要件事実民法(3)担保物権〔補訂版〕』（第一法規、2018）482頁、495頁

①被担保債権の成立

②①を被担保債権とし、当該物を目的とする譲渡担保設定契約の成立

③②の際、譲渡担保設定者が当該物を所有していたこと

④被担保債権の弁済期の経過

(3)　抗弁

①再生手続開始等の申立て

②実行の意思表示に先立ち担保権実行の中止命令（または担保権実行の取消命令）が発令され相手方に送達されたこと

③再生債権者の一般の利益に適合し、かつ、申立人に不当な損害を及ぼすおそれがないこと[31]

(4)　再抗弁

①中止命令が変更され、取り消され、または、期間が満了したこと

または

②受戻権の喪失[32]

2　倒産手続開始申立特約の効力

(1)　訴訟物　（譲渡担保権の行使による譲渡担保物件の）所有権に基づく返還請求権としての物件引渡請求権[33]

(2)　請求原因

　　1(2)と同じ。但し、④（被担保債権の弁済期の経過）について、再生手続、更生手続開始の申立てまたはその開始の原因事実が生じたことを理由とする解除の特約、及び、それに該当する事実の発生を主張することは、主張自体失当となる[34]。

31―この点が中止命令の有効要件となることについて、東京高判平成18年8月30日金判1277号21頁、最決平成18年9月27日金判1277号19頁参照。

32―受戻権が、実行通知により消滅するのか、帰属清算型の場合の弁済充当通知または処分清算の実施等により消滅するのかについては、現行法下での解釈論のほか、担保法改正での立法論の問題があるが、仮登記担保法11条の規律との整合性があわせて問題となろう。法制審議会（担保法関係）部会案【案3.3.1】、【案3.3.2】参照。

33―花房先生のレジュメでは、所有権留保の中止命令の提案が取り上げられているが、ここでは、設例の便宜上、譲渡担保とさせていただいた。

3　倒産手続開始後に生じた財産に対する担保権の効力

(1)　訴訟物　（債権譲渡担保の実行による）売買代金支払請求権[35]

(2)　請求原因[36]

①被担保債権の発生原因事実

②①の債権を被担保債権、③の債権を目的とする譲渡担保設定契約の成立

③譲渡される債権の発生原因事実（売買契約の成立）

(3)　抗弁[37]

①再生手続開始決定[38]

②(2)③の譲渡対象債権が開始決定後に発生したこと

※抗弁の効果がどのようになるかは、改正法の定めるところによる。

4　譲渡担保権設定者の処分権限等

(1)　訴訟物　（譲渡担保権の行使による譲渡担保物件の）所有権に基づく返還請求権としての物件引渡請求権

(2)　請求原因

①原告（債務者に対する債権者）が目的物（以下「目的物」という。）を所有していたこと

34―本文記載の事実を請求原因とした場合には、最判昭和57年3月30日民集36巻3号484頁、最判平成20年12月18日民集62巻10号2561頁により、主張自体失当であると解される。この点は、担保法改正により明文化が期待される。

　　但し、倒産解除特約の有効性に関する考え方は、保全処分と解除に関して権利濫用により処理する山本研先生のご見解との関係でも検討を要する。

35―譲受債権請求訴訟の要件事実について、北秀昭「債権譲渡」前掲『民事要件事実講座第3巻』187頁参照。訴訟物は、XのYに対する（A・Y間の売買契約に基づき発生した）売買代金請求権であるとされている。

36―譲受債権請求訴訟の要件事実について、北秀昭「債権譲渡」前掲『民事要件事実講座第3巻』187頁以下参照。

37―本文記載のほか、以下のような抗弁等が考えられるが、割愛する。すなわち、①債務者対抗要件の抗弁（最判昭和56年10月13日裁判集民134号97頁参照）、これに対する対抗要件具備の再抗弁、②譲渡人に対抗しうる事由の抗弁、これに対する先立つ債務者対抗要件の具備、抗弁放棄の意思表示の再抗弁等。前掲『民法（債権法）改正の概要と要件事実』304頁参照。

38―破産事件の場合には、当事者適格に関する問題として、債務者の破産手続開始決定の事実が、請求原因と合わせて主張されるのは、上記のとおりである。他方、再生手続の場合には、再生債務者が当事者であるため、再生手続開始決定の事実は当事者適格の事実摘示には含まれず、抗弁として主張されることとなると思われる。

　②被告が目的物を占有していること

(3)　抗弁

　　債務者が被告に対して目的物を譲り渡す契約（以下「譲渡契約」という）を締結したこと

(4)　再抗弁

　　(a)原告の債務者に対する被担保債権の発生原因事実

　　(b)(a)の債権を被担保債権、目的物を目的とする譲渡担保設定契約の成立

　　(c)(b)の譲渡担保設定契約についての対抗要件の具備

　　(d)譲渡契約が、「通常の事業の範囲」[39]等の債務者の処分権限の範囲を超えること

(5)　再々抗弁

　　譲渡契約が債務者の被告に対する担保のためにするものであること[40]

5　事業担保権

　担保法改正の規律によるが、事業担保権について、(1)担保権実行中止、禁止、取消命令等、(2)倒産手続開始申立特約の効力、(3)倒産手続開始後に生じた財産に対する担保権の効力、(4)譲渡担保権設定者の処分権限等と同様な規律が設けられる可能性があり、その場合には、それらと同様な要件事実が問題となろう。

39—担保法改正により検討されている内容による。なお、この要件は規範的要件となるか用検討を要する。また、花房先生よりご教示をいただいたところによると、「通常の事業の範囲」というのは、通常の残高が維持されていることを意味するのか、行為の性質が通常であることをいうのか、その双方が考慮されうるのかなど問題となりうる。
40—同上。この場合、原告の請求は後順位担保権として認められることになると考えられるが、その場合における判決主文がどのようになるかについても検討を要する。

コメント2

毛受裕介

1　はじめに
要件事実論・倒産法とのかかわり

2　本講演会の趣旨について
・倒産法制度の趣旨目的を達成するため、平時の法律関係が、どのような要件のもとで、どのように変容されるかを踏まえ、要件事実的な分析を試みるもの

・上記観点から各報告に可能な範囲でコメントを試みるほか、木村弁護士コメントにおいては、各報告を要件事実的に分析されているので、このコメントに対する若干の考察も加える。

・要件事実の検討は、基本的には、裁判規範としての民法説による。

3　倒産手続関係訴訟における要件事実
訴訟物たる権利関係の発生原因事実等の通常の請求原因事実に加えて
①　破産者について破産手続開始決定がされたこと
②　①と同時に原告を破産管財人に選任する決定がされたこと
③　訴訟物たる権利関係が法34条1項又は2項所定の時期・内容で成立したことに関する発生原因事実
④　裁判所から法78条2項10号の許可を受けたこと
⑤　否認権行使の場合には、その各発生原因事実と否認権行使の意思表示）

・①～③により、破産管財人が、訴訟物たる権利関係に係る訴訟上の請求こ

とついて、当事者適格を有することが基礎づけられる（破産法80条、31条
1項、34条）。

・④について、反対説も有力だが、無許可の訴え提起は無効との明文の規定
があること、訴訟経済の要請から、訴訟要件に立って整理。もっとも、実
務上は、許可決定を称する書面の提出がされれば、黙示にその旨の主張が
あると扱えば足りる。

・⑤否認の場合は後述

4　平時実体法に基づく法律効果の倒産手続における受容と変容について

(1)　倒産法的公序の理論等の訴訟における取り入れ方

・「倒産法的再構成」理論、「倒産法的公序」理論

明文の規定はない

→各法律要件の解釈、一般条項の解釈・適用の中で、その趣旨を斟酌す
る

ex.）倒産解除特約は、公序良俗の問題として整理

※倒産手続開始申立特約が立法化により解決

(2)　弁済禁止の保全処分と債務不履行解除

・権利濫用と構成する見解（山本教授報告）

←価根根拠・障害事実の理論的限定が困難で、事案により結論が変わ
る？

倒産法が倒産手続内で利害を調整することを予定していることとの関
係

解除の適否について、倒産手続と並行して訴訟が行われることのデメ
リット？

債権法改正による債務不履行解除の要件の変更を破産の局面に波及さ
せるべきか

5　否認の局面における要件事実

(1)　支払不能の要件について

- ・事実的要件と評価的要件のメルクマール
  - →共通イメージ説（伊藤滋夫、河村浩説）

- ・支払不能は事実的要件か評価的要件か
  - →支払不能
    - …一般的継続的に金銭債務の支払をすることができない状態
      - …資産・事業価値、流動性調達力の評価は一様ではなく、共通イメージ不可
      - ⇒評価的要件とも解し得る

(2)　支払不能の要件の局面に応じた差異

- ・支払不能が登場する局面は、申立て、否認請求、否認訴訟など
  - →局面毎に手続や当事者が異なり、証拠方法・証拠資料も異なる
    - ⇒支払不能について認定できる事実が異なる
  - ←いずれの局面でも支払不能の定義は同じ？
    - ⇒判断基準は変わらない
      - ただし、各局面で適用される条文の制度趣旨に応じ、破産リスク転嫁の正当化に要する事情等が異なり得るとの示唆

(3)　偏波行為否認における「非義務行為」

- ・内容、方法、時期における非義務行為（162条1項1号）
  - →支払不能・支払停止・破産手続開始の申立てについての善意
    - ⇒抗弁事実（2項2号による法律上の推定）
  - →支払不能でないことの評価根拠事実
    - ⇒抗弁事実（3項による法律上の推定）
    - ※破産手続開始後の偏頗行為である場合は主張自体失当

- ・内容、時期における非義務行為で、支払不能前30日以内の場合（162条

1項2号)

→詐害性の善意(162条1項2号ただし書)

⇒抗弁事実

∵1号の規定ぶりとの対比

内容・時期における非義務行為におけるリスク転嫁の要請

(4) 破産法162条1項に基づく否認請求訴訟の要件事実

・訴訟物

=否認権行使の結果生じる実体法上の権利

⇒不当利得返還請求権等 cf.民法上の詐害行為取消と異なる

⇒請求の趣旨も金銭支払命令のみ

・請求原因

否認権行使の意思表示(167条1項)

その他は木村弁護士コメントのとおり

※ただし、通常は、支払不能の具体的な日時を特定するのは極めて困難

⇒非義務行為の日から30日以内に支払不能状態にあったことが主張立証
の対象に

・抗弁

有害性の欠缺の評価根拠事実

∵時期・内容における非義務行為は、破産状態前でもリスク転嫁が相
当

6 相殺禁止が問題となる場合の要件事実(特に専相殺共用目的)について

(1) 破産法71条2項2号前段の「専ら」要件の解釈論及び要件事実

・請求原因

消費寄託契約において、弁済期の定めは契約の要素とする必要はない

それ以外木村弁護士コメントのとおり

・抗弁

　木村弁護士コメントの抗弁①は「破産手続開始決定に先立つ」を要する
（67条1項）

・**破産法71条の各要件の主張立証責任の分配**

　⇒管財人側において再抗弁として主張立証すべき

　　∵相殺の担保的機能の尊重（67条1項）とその例外（71条）の規範構
　　　造

(2)　専相殺供用目的が評価的要件である場合の判断の仕方

・「専ら」要件の解釈

　→文理どおりだと死文化

　　他の偏頗行為否認潜脱防止目的の規定との平仄

　　⇒「複数の目的の中で債権回収が主要なものであること」との解釈
　　　（飯尾報告）

・事実的要件か評価的要件か

　→条文の文言「主観的にその目的のみであったこと」と共通のイメージ
　　可能？

　←「複数の目的の中で債権回収が主要なものであること」と解釈する
　　（飯尾報告）と共通イメージは持てない

　　⇒評価的要件と解し得る

・評価根拠事実・評価障害事実が何になるか

　①当該契約と相殺とが時間的に接着していることに関する事実

　②相殺権行使を確実なものとするための措置がとられている事実

　③当該契約が通常契約と乖離していることに関する事実

　④当該契約の経済的不合理性に関する事実（伊藤眞教授）

　　→いずれも債権回収目的の程度が強いことを窺わせる

　　　⇒これらの各事実及び反対方向の評価障害事実を総合考慮して判断

・いずれにせよ、「専相殺共用目的」は、主観面を直接認定する場合、客観的な事情のみで推認する場合、両者を併せて推認する場合のいずれでも可能であることは、他の主観的な要件と同様。

・また、「債権回収が主要目的」という意味での「専相殺共用目的」があると評価するにあたり、他の法律要件に当たる事実を考慮することも妨げられない。

7　おわりに

・倒産訴訟における要件事実の明確化の意義
　　→倒産法制度の趣旨
　　　…責任財産の保全、破産財団の増殖、迅速かつ公平な総債権者への配当
　　→ IT 化を契機とした更なる民事裁判の迅速化が指向
　　　…破産事件は特に類型的に迅速な解決が求められる
　　　⇒要件事実の明確化による迅速化、予測可能性の確保の要請が高い

・倒産関係訴訟における要件事実・立証対象事実の特徴…論証責任の重要性
　規範の検討に当たり、法の趣旨目的・予定された運用を踏まえる必要
　　→制度の組み合わせや破産管財人等による運用上の工夫も、倒産法の予定するもの
　　←判断者がこうした事情に通暁せず、判断の基礎事情にできないことが多い
　　　⇒論証責任として、当事者による積極的な説明・文献の提示が求められる

要件事実論・事実認定論
関連文献

山﨑　敏彦

永井　洋士

要件事実論・事実認定論関連文献　2023年版

山﨑敏彦

永井洋士

　この文献一覧は、要件事実論・事実認定論を扱っている文献を、これまでと同様に、大きく、要件事実論に関するもの（Ⅰ）、事実認定論に関するもの（Ⅱ）（⑴民事、⑵刑事、⑶その他）に分けて、著者五十音順・発行順に整理したものである。収録対象は、ほぼ2022年末から2023年末までに公にされた文献である。関連文献の取捨・整理における誤り、重要文献の欠落など不都合がありはしないかをおそれるが、ご教示、ご叱正を賜りよりよきものにしてゆきたいと考える。

Ⅰ　要件事実論

池本 誠司

　「コメント１」田村伸子編『消費者法と要件事実［法科大学院要件事実教育研究所報第21号］』46頁以下（日本評論社、2023年３月）

池本 誠司

　「〔レジュメ〕コメント１」田村伸子編『消費者法と要件事実［法科大学院要件事実教育研究所報第21号］』132頁以下（日本評論社、2023年３月）

伊藤 滋夫

　「要件事実・事実認定論の根本的課題——その原点から将来まで（第40回）雑所得②——要件事実論の視点からみた所得税法」ビジネス法務23巻１号142頁以下（2023年１月）

伊藤 滋夫

「要件事実・事実認定論の根本的課題――その原点から将来まで（第41回）一時所得と雑所得 補論――要件事実論の視点からみた所得税法」ビジネス法務23巻 3 号144頁以下（2023年 3 月）

伊藤 滋夫

「要件事実・事実認定論の根本的課題――その原点から将来まで（第42回）実額課税と推計課税（推計課税と実額反証の問題を中心として）①――要件事実論の視点からみた所得税法」ビジネス法務23巻 5 号131頁以下（2023年 5 月）

伊藤 滋夫

「要件事実・事実認定論の根本的課題――その原点から将来まで（第43回・最終回）実額課税と推計課税（推計課税と実額反証の問題を中心として）②――要件事実論の視点からみた所得税法」ビジネス法務23巻 7 号104頁以下（2023年 7 月）

伊藤 滋夫・岩﨑 政明・河村 浩・向笠 太郎

『要件事実で構成する相続税法』（中央経済社、2023年12月）

植田 達

「不更新条項等が定められた有期労働契約の雇止めに関する要件事実――日本通運事件・東京地判令和 2 ・10・ 1 労判1236号16頁を素材に（要件事実で読む労働判例――主張立証のポイント（第 2 回））」季刊労働法279号128頁以下（2022年12月）

大江 忠

『第 2 版 要件事実労働法⑴雇用関係法Ⅰ』（第一法規、2023年 1 月）

大江 忠

　『第 2 版 要件事実労働法⑵雇用関係法Ⅱ・労使関係法』（第一法規、2023年 1
　月）

大江 忠

　『要件事実手形小切手法』（第一法規、2023年12月）

大島 眞一

　『完全講義 民事裁判実務［基礎編］――要件事実・事実認定・民事保全・執
　行』（民事法研究会、2023年 4 月）

太田 幸夫

　「過少資本税制訴訟における『国外支配株主等』の立証」駿河台法学36巻 2
　号41頁以下（2023年 3 月）

尾関 博之

　『実践 生命保険の要件事実』（信山社、2023年 7 月）

鹿野 菜穂子

　「〔講演 1 〕消費者法の展開と要件事実上の課題」田村伸子編『消費者法と要
　件事実［法科大学院要件事実教育研究所報第21号］』 6 頁以下（日本評論社、
　2023年 3 月）

鹿野 菜穂子

　「〔講演 1 レジュメ〕消費者法の展開と要件事実上の課題」田村伸子編『消費
　者法と要件事実［法科大学院要件事実教育研究所報第21号］』90頁以下（日
　本評論社、2023年 3 月）

カライスコス アントニオス

　「コメント 2 」田村伸子編『消費者法と要件事実［法科大学院要件事実教育

研究所報第21号]』56頁以下（日本評論社、2023年3月）

カライスコス アントニオス

「〔レジュメ〕コメント2」田村伸子編『消費者法と要件事実［法科大学院要件事実教育研究所報第21号］』140頁以下（日本評論社、2023年3月）

邱 琦／小林 貴典（訳）

「医療訴訟と要件事実」沖野眞已・丸山絵美子・水野紀子・森田宏樹・森永淑子編『これからの民法・消費者法（Ⅰ）――河上正二先生古稀記念』657頁以下（信山社、2023年3月）

小山 博章

「割増賃金請求における固定残業代に関する要件事実――日本ケミカル事件・最一小判平成30・7・19労判1186号5頁を素材に（要件事実で読む労働判例――主張立証のポイント（第3回））」季刊労働法280号155頁以下（2023年3月）

酒井 克彦

『クローズアップ課税要件事実論――要件事実と主張・立証責任を理解する（第6版）』（財経詳報社、2023年9月）

酒井 克彦

「消費税法上の仕入税額控除に関する要件事実論的検討（上）――転用不動産に係る課税仕入れの用途区分を巡る事例を素材として」税務事例55巻11号1頁以下（2023年11月）

酒井 克彦

「消費税法上の仕入税額控除に関する要件事実論的検討（中）――転用不動産に係る課税仕入れの用途区分を巡る事例を素材として」税務事例55巻12号1頁以下（2023年12月）

司法研修所 編

　『4訂 紛争類型別の要件事実——民事訴訟における攻撃防御の構造』（法曹会、2023年3月）

司法研修所 編

　『改訂 新問題研究 要件事実』（法曹会、2023年3月）

田村 伸子

　「安全配慮義務違反に基づく損害賠償請求の要件事実——パワハラ事案（職場環境配慮義務）を中心に」創価ロージャーナル16号15頁以下（2023年3月）

田村 伸子 編

　『消費者法と要件事実［法科大学院要件事実教育研究所報第21号］』（日本評論社、2023年3月）

田村 伸子 ほか

　「パネルディスカッション」田村伸子編『消費者法と要件事実［法科大学院要件事実教育研究所報第21号］』63頁以下（日本評論社、2023年3月）

千葉 惠美子・川上 良・髙原 知明

　『紛争類型から学ぶ応用民法I 総則・物権』（日本評論社、2023年5月）

千葉 惠美子・川上 良・髙原 知明

　『紛争類型から学ぶ応用民法II 債権総論・契約』（日本評論社、2023年7月）

遠山 純弘

　『請求権から考える民法2——契約に基づかない請求権（第2版）』（信山社、2023年3月）

中田 邦博

　「〔講演３〕消費者契約の解釈と消費者契約法の意義──裁判官に期待される役割」田村伸子編『消費者法と要件事実［法科大学院要件事実教育研究所報第21号］』31頁以下（日本評論社、2023年３月）

中田 邦博

　「〔講演３レジュメ〕消費者契約の解釈と消費者契約法の意義──裁判官に期待される役割」田村伸子編『消費者法と要件事実［法科大学院要件事実教育研究所報第21号］』117頁以下（日本評論社、2023年３月）

馬場 陽

　「通常の課税要件規定と同族会社の行為計算否認規定の関係をめぐる議論の基層（上）──規範競合論・要件事実論・訴訟物論」税務事例55巻６号16頁以下（2023年６月）

馬場 陽

　「通常の課税要件規定と同族会社の行為計算否認規定の関係をめぐる議論の基層（下）──規範競合論・要件事実論・訴訟物論」税務事例55巻７号10頁以下（2023年７月）

平井 康太

　「就業規則に定めた労働条件の不利益変更に関する要件事実──山梨県民信用組合事件・最二小判平成28・２・19民集70巻２号123頁を素材に（要件事実で読む労働判例──主張立証のポイント（第５回））」季刊労働法282号152頁以下（2023年９月）

平尾 嘉晃

　「〔講演２〕2022年改正の概要と課題」田村伸子編『消費者法と要件事実［法科大学院要件事実教育研究所報第21号］』20頁以下（日本評論社、2023年３月）

平尾 嘉晃

「〔講演 2 レジュメ〕2022年改正の概要と課題」田村伸子編『消費者法と要件事実［法科大学院要件事実教育研究所報第21号］』105頁以下（日本評論社、2023年 3 月）

町田 悠生子

「休職期間満了による退職扱いと復職可能性に関する要件事実——日本電気事件・東京地判平成27・7・29労判1124号 5 頁を素材に（要件事実で読む労働判例——主張立証のポイント（第 4 回））」季刊労働法281号161頁以下（2023年 6 月）

民法総合教材研究会 編

『民法総合・事例演習（第 3 版）』（有斐閣、2023年10月）

吉川 愼一

『請求権基礎』（関西学院大学出版会、2023年 5 月）

Ⅱ　事実認定論

⑴　民事

上田 正俊

「〈簡裁民事実務研究（99）〉証明責任と事実認定（上）」市民と法140号69頁以下（2023年 4 月）

上田 正俊・井手 良彦

「〈簡裁民事実務研究（100）〉証明責任と事実認定（下）」市民と法141号88頁以下（2023年 6 月）

司法研修所 編

『改訂 事例で考える民事事実認定』（法曹会、2023年 3 月）

村田 渉 編著

　『事実認定体系―債権総論編 1 』（第一法規、2023年 6 月）

村田 渉 編著

　『事実認定体系―債権総論編 2 』（第一法規、2023年 6 月）

村田 渉 編著

　『事実認定体系―債権総論編 3 』（第一法規、2023年 6 月）

⑵　刑事

粟田 知穂

　「刑事事実認定マニュアル（第 9 回）緊急避難」警察学論集76巻 1 号118頁以下（2023年 1 月）

粟田 知穂

　「刑事事実認定マニュアル（第10回）被害者の同意」警察学論集76巻 2 号136頁以下（2023年 2 月）

粟田 知穂

　「刑事事実認定マニュアル（第11回）責任能力」警察学論集76巻 3 号114頁以下（2023年 3 月）

粟田 知穂

　「刑事事実認定マニュアル（第12回）故意（その 1 ）――殺意」警察学論集76巻 5 号120頁以下（2023年 5 月）

粟田 知穂

　「刑事事実認定マニュアル（第13回）故意（その 2 ）――錯誤論・薬物事犯の故意」警察学論集76巻 7 号169頁以下（2023年 7 月）

粟田 知穂

「刑事事実認定マニュアル（第14回）故意（その３）──詐欺の故意」警察学論集76巻９号138頁以下（2023年９月）

粟田 知穂

「刑事事実認定マニュアル（第15回）窃盗における占有・不法領得の意思」警察学論集76巻11号100頁以下（2023年11月）

粟田 知穂

「刑事事実認定マニュアル（第16回）強盗における反抗抑圧・機会性」警察学論集76巻12号131頁以下（2023年12月）

井下田 英樹

「刑事事実認定重要事例研究ノート（第53回）共謀の射程について」警察学論集76巻11号130頁以下（2023年11月）

植村 立郎

『続・骨太 実務現代刑事法』（法曹会、2023年11月）

上岡 哲生

「刑事事実認定重要事例研究ノート（第52回）住居等侵入罪における事実認定について」警察学論集76巻１号146頁以下（2023年１月）

外塚 果林

「性刑法の改革動向と刑事裁判における事実認定」洗足論叢51号187頁以下（2023年３月）

中川 孝博

「『間接事実中に、被告人が犯人でないとしたならば合理的に説明することができない（あるいは、少なくとも説明が極めて困難である）事実関係が含まれ

ていることを要する』（最判平22・4・27）は事実認定判断方法の基準を示したものか」国学院法学60巻4号203頁以下（2023年3月）

山口 裕之

「最高裁判例から捉える——捜査実務のための刑法・刑訴法講座（第7回）事実認定（その1）」捜査研究72巻9号52頁以下（2023年9月）

山口 裕之

「最高裁判例から捉える——捜査実務のための刑法・刑訴法講座（第8回）事実認定（その2）」捜査研究72巻11号74頁以下（2023年11月）

吉弘 光男・宗岡 嗣郎

「事実認定における経験則と論理則——大森勧銀事件に即して」久留米大学法学88巻99頁以下（2023年9月）

⑶　その他

梅本 淳久

『税理士のための「事実認定」の実務』（中央経済社、2023年6月）

木島 裕子

「貸倒損失（特集 山本守之ism—税務形式基準と事実認定）」税務弘報71巻3号49頁以下（2023年3月）

久乗 哲

「資本的支出と修繕費（特集 山本守之ism—税務形式基準と事実認定）」税務弘報71巻3号57頁以下（2023年3月）

熊王 征秀

「消費税 居住用賃貸建物の定義（特集 山本守之ism—税務形式基準と事実認定）」税務弘報71巻3号81頁以下（2023年3月）

嶋 協

「役員給与（定期同額給与・事前確定届出給与）（特集 山本守之 ism―税務形式基準と事実認定)」税務弘報71巻 3 号15頁以下（2023年 3 月）

白土 英成

「役員の退職――事実認定と問題点」税務事例研究194号 1 頁以下（2023年 7 月）

千田 喜造

「交際費（特集 山本守之 ism―税務形式基準と事実認定)」税務弘報71巻 3 号32頁以下（2023年 3 月）

曽我 一郎

「訴訟鑑定にとって事実とは何か――不動産鑑定と事実認定」Evaluation76号 1 頁以下（2023年 4 月）

田口 渉

「重加算税 賦課決定処分の取消し（特集 山本守之 ism―税務形式基準と事実認定)」税務弘報71巻 3 号73頁以下（2023年 3 月）

田代 雅之

「役員退職給与（特集 山本守之 ism―税務形式基準と事実認定)」税務弘報71巻 3 号24頁以下（2023年 3 月）

藤曲 武美

「〔インタビュー〕意義と問題点――なぜ、今、問題になるのか（特集 山本守之 ism―税務形式基準と事実認定)」税務弘報71巻 3 号10頁以下（2023年 3 月）

増田 英敏

「〈続・実践租税正義学 第141回〉『事実認定論』と『公正妥当な会計処理の

基準』の意義（上）」税務弘報71巻 2 号140頁（2023年 2 月）

増田 英敏

「〈続・実践租税正義学 第142回〉『事実認定論』と『公正妥当な会計処理の基準』の意義（下）」税務弘報71巻 3 号88頁（2023年 3 月）

矢頭 正浩

「評価損（特集 山本守之ism―税務形式基準と事実認定)」税務弘報71巻 3 号41頁以下（2023年 3 月）

山口 翔平

「裁判所の事実認定の手法を踏まえた職場のいじめ・嫌がらせ 聞き取り調査のポイント」ビジネスガイド60巻13号26頁以下（2023年12月）

吉田 正毅

『図解 税務調査対応の法的反論マニュアル』（日本法令、2023年 3 月）

若林 俊之

「借地権課税（特集 山本守之ism―税務形式基準と事実認定)」税務弘報71巻 3 号65頁以下（2023年 3 月）

田村伸子（たむら・のぶこ）

法科大学院要件事実教育研究所長・創価大学法科大学院教授・弁護士
1994年　創価大学法学部卒業
1996年　司法修習生（50期）
1998年　弁護士登録（東京弁護士会）
2004年　法科大学院要件事実教育研究所研究員
2007年　創価大学法科大学院講師、2019年〜現在　創価大学法科大学院教授
2015年　中央大学大学院法学研究科博士後期課程修了（博士）
2020年　法科大学院要件事実教育研究所長

主要著作
伊藤滋夫編著『要件事実小辞典』（共著、青林書院、2011年）
伊藤滋夫編著『新民法（債権関係）の要件事実Ⅱ』（部分執筆、青林書院、2017年）
保険法と要件事実〔法科大学院要件事実教育研究所報第19号〕（編、日本評論社、2021年）
行政訴訟と要件事実〔法科大学院要件事実教育研究所報第20号〕（編、日本評論社、2022年）
消費者法と要件事実〔法科大学院要件事実教育研究所報第21号〕（編、日本評論社、2023年）

倒産法と要件事実〔法科大学院要件事実教育研究所報第22号〕

2024年3月30日　第1版第1刷発行

編　者——田村伸子（法科大学院要件事実教育研究所長）

発行所——株式会社日本評論社
　　　　　〒170-8474 東京都豊島区南大塚3-12-4
　　　　　電話 03-3987-8621（販売）　FAX03-3987-8590　振替　00100-3-16
印　刷——精文堂印刷
製　本——難波製本

Printed in Japan © TAMURA Nobuko 2024　装幀／図工ファイブ
ISBN 978-4-535-52794-2